大切なのは、
お母さんの声、
お母さんの歌、
お母さんのしぐさ

世界一やさしいベビーサインの教えかた

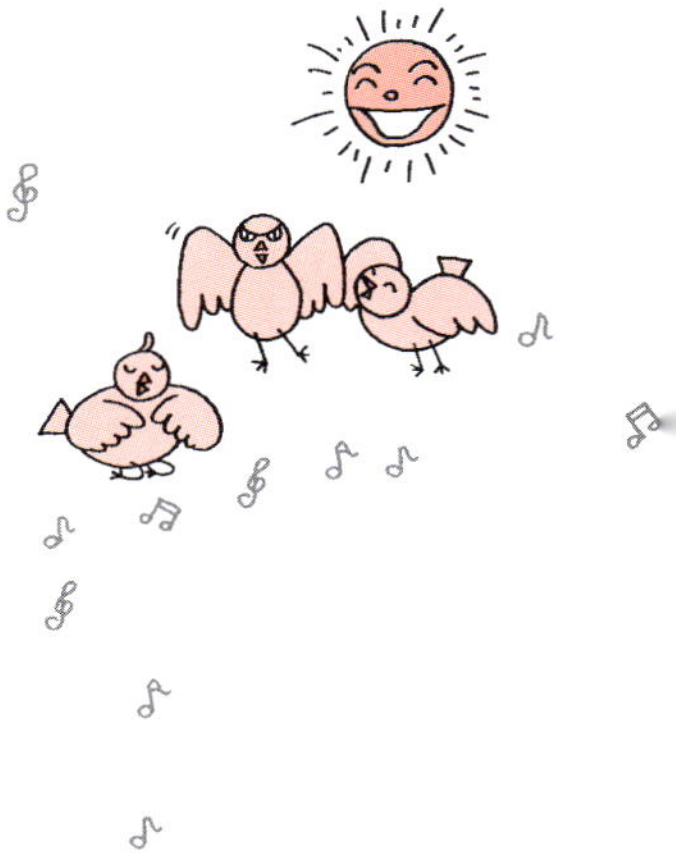

赤ちゃんの声、
赤ちゃんの歌、
赤ちゃんのしぐさ

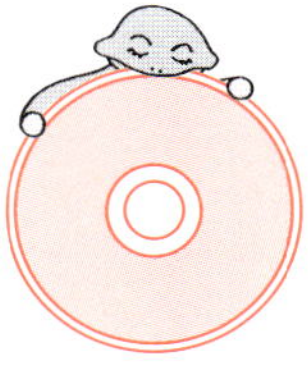

一緒に、歌って、踊ってね。
ベビーサインに使える
CD付きです

お口の前でおててを〝にぎにぎ〟赤ちゃんは、きっとこんな気持ち「お母さん、おっぱい！」

はじめまして。なおえです。

東京、世田谷の児童館で、指導員をしています。

この児童館には、毎週火曜日の午前中、赤ちゃん同士、お母さん同士がおともだちになってもらうための、「ピヨピヨランド」という時間があります。

月齢1ヶ月から、2歳児くらいまでの赤ちゃんが、お母さんやお父さん、ときにはおじいちゃんやおばあちゃんと一緒にやってきます。お母さんにしがみついてずっと甘えている子、新しい遊具をなめなめ、にぎにぎ、ぽいっと投げて遊んでいる子、おともだちに、ちょっとだけちょっかいを出しては、お母さんの背中

に隠れるいたずらっ子……。

一人ひとりが、好きなように過ごしています。


そんなふうに、赤ちゃんが無邪気に元気に遊んでいるときでも、お母さんには心配がいっぱいですよね。私は職業柄、本当にたくさんのお母さんたちから、さまざまな相談を受けてきました。

そして、近頃よく聞かれる質問に、こんなものがあります。

「ベビーサインって、どうやって覚えさせたらいいんですか」

「ベビーサイン」

はじめて聞く方もいらっしゃるかもしれません。

ベビーサインとは、まだ言葉ではお話できない赤ちゃんが、身ぶり手ぶりで「お話」するときに使う、ジェスチャーみたいなものです。

赤ちゃんは、体ぜんたいを使って「お話」しています。
おなかがすいたとき、うれしいとき、体の具合が悪いとき。そして、お母さんにもっとそばにいてほしいとき。わああんと泣いたり、体をバタバタ動かしたりして、気持ちを伝えようとしています。

個人差はありますが、一般に、赤ちゃんが話言葉を使うようになるのは、2歳前後だとされています。それまでの間、「ミルク」かしら、「おむつ」かしらと、赤ちゃんの気持ちがすっきりとはわからない、もどかしい時間がありますよね。

その時間を、たのしい対話の時間にかえてくれるのが「ベビーサイン」。言葉ではなく、身ぶり手ぶりで、お母さんと赤ちゃんとがおしゃべりする、という方法なのです。

この本では、私が児童館のワークショップで出会った多くの赤ちゃんとお母さんたちとのやりとりの中で、無理なく、たのしく、覚えやすいと実感した、簡単なベビーサインを紹介しています。

とくに「わらべ歌」には、ずっと昔から日本のお母さんたちが赤ちゃんと一緒に遊びながら覚えてきていて、しかも、ベビーサインとしてそのまま使うことができる「しぐさ」がたくさんあります。この本には、わらべ歌のCDもつけました。赤ちゃんと一緒に遊びながら、たのしくベビーサインを覚えてもらえると思います。

「ベビーサイン」は、お勉強ではありません。

赤ちゃんと、お母さん、お父さん、おじいちゃん、おばあちゃんが、すてきな時間を過ごすための、ちょっと便利な子育ての小道具です。気持ちを楽にもって、たのしく育児するために、少しだけ、お役にたててもらえればうれしいです。

直江　千恵子

目次

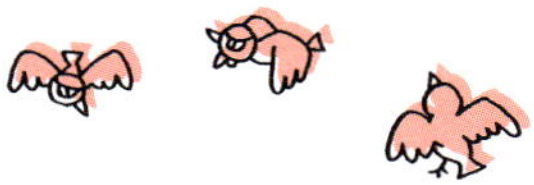

Vol.4

CDを聴きながらたのしく覚えるベビーサイン

ちょっとひと息
<COLUMN>

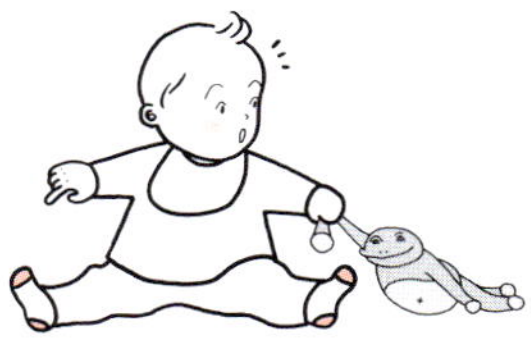
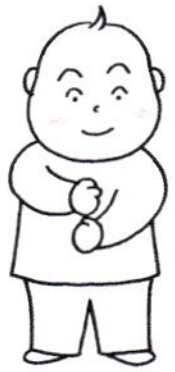
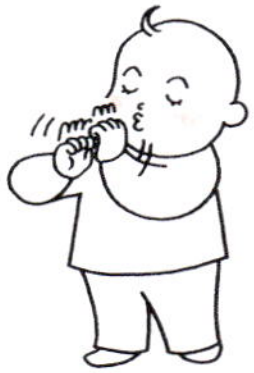
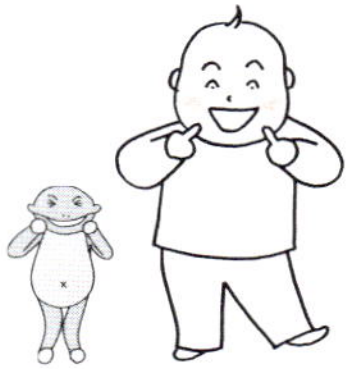
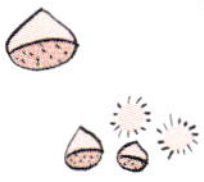

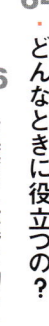

アメリカで生まれたベビーサイン　日本に昔から伝わる「赤ちゃんのしぐさ」

はじめに、「話しはじめる前の赤ちゃんと話すための方法」として日本に紹介された「ベビーサイン」についてご紹介します。

ベビーサインは、1996年にアメリカで発行された単行本「Baby Signs：How to Talk with Your Baby Before Your Baby Can Talk」で紹介された、新しい子育ての方法です。

この本を書いたのは、二人の心理学博士、リンダ・アクレドロ博士と、スーザン・グッドウィン博士。ともに、子どもを持つ身であった二人は、偶然にもわが子たちが、ジェスチャーを通じて自分の意志を大人たちに伝えようとしていることに気づき、それをヒントに研究を始めました。

多くの赤ちゃんとそのお母さんたちからの報告データを集めて、それらを整理していくと、まだ言葉を話す前の赤ちゃんが、ジェスチャーを使って豊かな意志表示をしていることが明らかになりました。そこで世に紹介されたのが「ベビーサイン」というわけです。

まだ、おしゃべりできない赤ちゃんと、気持ちのやりとりができたらすてきですよね。

ですが実は、子育てをたのしくしてくれるこの新しい方法は、日本のお母さんがずっと昔から行なってきた、わらべ歌の遊びの中にすでにあるのでは？　それが、私がベビーサインに出会ったときの感想でした。それなら、日本のお母さんになじみのある「しぐさ」を、ベビーサインとして子育てに役立ててもらえるのでは……。そんな思いが、この本の出発点です。

Vol. 1

ベビーサインって、な〜に?

新しい、赤ちゃんとお母さんの
コミュニケーション法

お母さんのしぐさをまねることが、ベビーサインの始まりです

こんな経験ありませんか？
散歩の途中、笑いかけてくれた人に赤ちゃんが「にこっ」。
「バイバイ」と手をふってもらうと、応えるように
赤ちゃんもおててをふりふり、にこにこっ。
「上手にまねっこ、できたわね！」
そうほめてあげていたお母さん、
実はそのしぐさがすでに、
立派なベビーサインなのです。
赤ちゃんは、ちゃあんと「バイバイ」の意味を
理解していますよ。

©週刊女性

2002年8月、皇太子さまと雅子さまのご長女敬宮愛子さまが、栃木の那須御用邸付属邸を訪れた日。当時8ヶ月の愛子さまが、見守る人たちに向かって小さく手をふるお姿が報道されました。
雅子さまも、愛子さまの突然のおててのしぐさにびっくりされたご様子。これも、すてきなベビーサインといえるのではないでしょうか？

朝ごはんの時、パパの口もとをじ〜っと見つめてから、お口をパクパク。それが「ごはん」のサインになりました（めぐみ／6ヶ月）

「パパ、いってらっしゃ〜い」
しあわせ〜
Bye

赤ちゃんが体で表している気持ちに気づいてあげましょう

赤ちゃんは、体ぜんたいを使って「お話」しています。
見つめる視線で、手や足をバタつかせて、
おめめや、お口をいろいろに動かして……。
言葉はまだ話せなくても、
「なにかを伝えたい」という気持ちは、
生まれてまもなく、赤ちゃんの中には芽生えています。
赤ちゃんの泣き声だけや、発する声だけではなく、
そういった「体の動き」を
気にしてあげることも大事です。
その「体の動き」がいずれ
「ベビーサイン」になっていくのですから。

「お母さん、ぬいぐるみで遊びたいよぉ」

パパを見ると両手を上げる奈奈。どうやら「抱っこ」のサインみたいです（奈奈／6ヶ月）

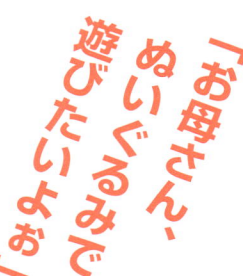

お母さんも、実はベビーサインで大きくなった

ベビーサインは、教えるもの？
赤ちゃんが、自然にするしぐさ？
いろんな本を読んだり、話を聞いたりしていると、
一体どっちなのかわからなくなってしまいそうですが、
どちらも正解といえます。
お母さん、赤ちゃんと過ごしている二人の姿を
鏡に映して、あらためて眺めてみてください。
「いただきます」で手を合わせたり、
「ねんね」で合わせた両手を頬にあてたり、
「おなかいっぱい」でおなかをポンポンと
かるくたたいたりしていませんか？
そのしぐさを赤ちゃんが上手にまねることで、
ベビーサインがひとつずつ出来上がっていくのです。

ほっぺをかるくたたく「おいしい」がお気に入り。本当においしいのかな？　でも、うれしい（有希／8ヶ月）

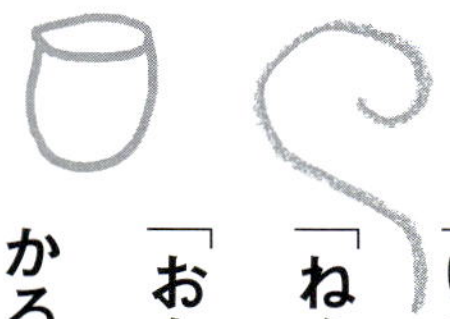

「『いただきます』で、おててを合わすの？
こう？　あ、お母さんが笑ってる。
お母さんが笑うと
なんだかうれしいな」

いただきます／ごちそうさま

手を胸の前で合わせ
かるくおじぎをする

赤ちゃんは個性的、しぐさも十人十色です

赤ちゃんは、お母さんやお父さんのしぐさや、
お散歩で出会うわんわんやにゃーにゃ、
車や電車など、動くものがとっても大好き。
興味津々で、じ〜っと観察しています。そしてある日突然、
なにかをまったくオリジナルなしぐさで表現することがあります。
誰も教えたことのない手や全身でのしぐさ。
それは、赤ちゃんがなにかを伝えようとしている表れです。
その瞬間を見逃さず、「よくできたね」とほめてから、
そのしぐさをお母さんがまねをして、
「わかっているよ」ということを伝えてあげましょう。
ほら、それは立派な「会話の成立」です。
赤ちゃんは、お母さんに通じたことがうれしくて、
新しいサインをどんどんつくりはじめますよ。

朝、パパの横でおててをパチパチ拍手しているんです。私の「早く起きて！」を、まねしているみたい（優香／1才5ヶ月）

あ、ちょうちょだ。
おててをひらひらさせると
そっくりだね。

ひらひら、
ひらひら、
ちょうちょだよ。

ちょうちょ

開いた両手の親指を合わせ
指をひらひらさせる

「わんわん」だって、こんなにいろいろ、できちゃう

赤ちゃんが「わんわん」のどこに興味を持つかは、
一人ひとり違います。
お耳だったり、しっぽだったり、舌を出して
はーはーと息をしているところだったり……。
さて、皆さんの赤ちゃんは、
どんなふうに「わんわん」を表すでしょうか？

しっぽで、わんわん

お耳で、わんわん

一緒に遊んでいるペットのシロ（犬）に、手を胸にあて体をゆらして「なかよし」のサインをしているのを目撃。感動！（隆太／1才9ヶ月）

おしりをふりふり、
わんわん

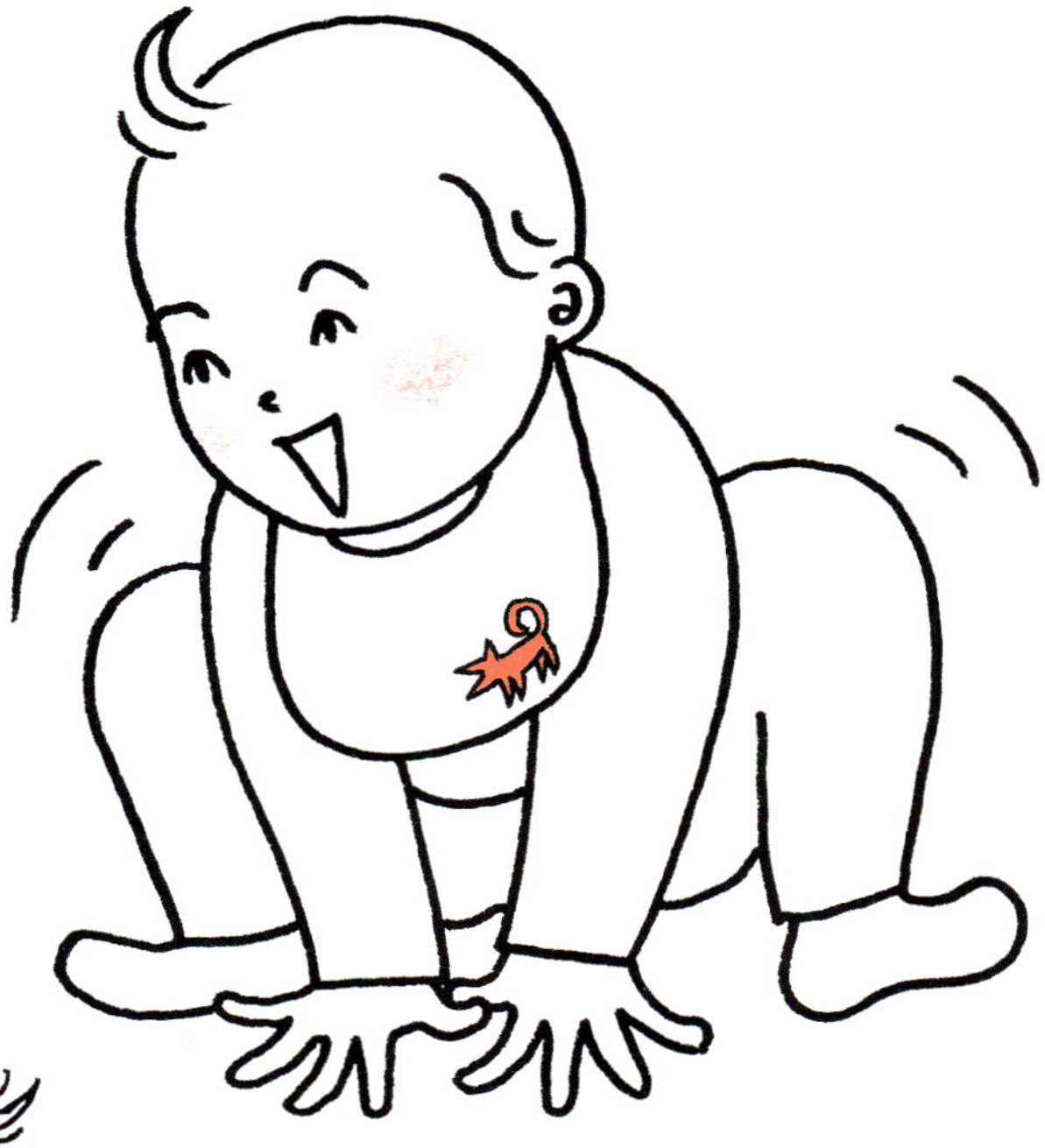

はーはー、
息で、わんわん

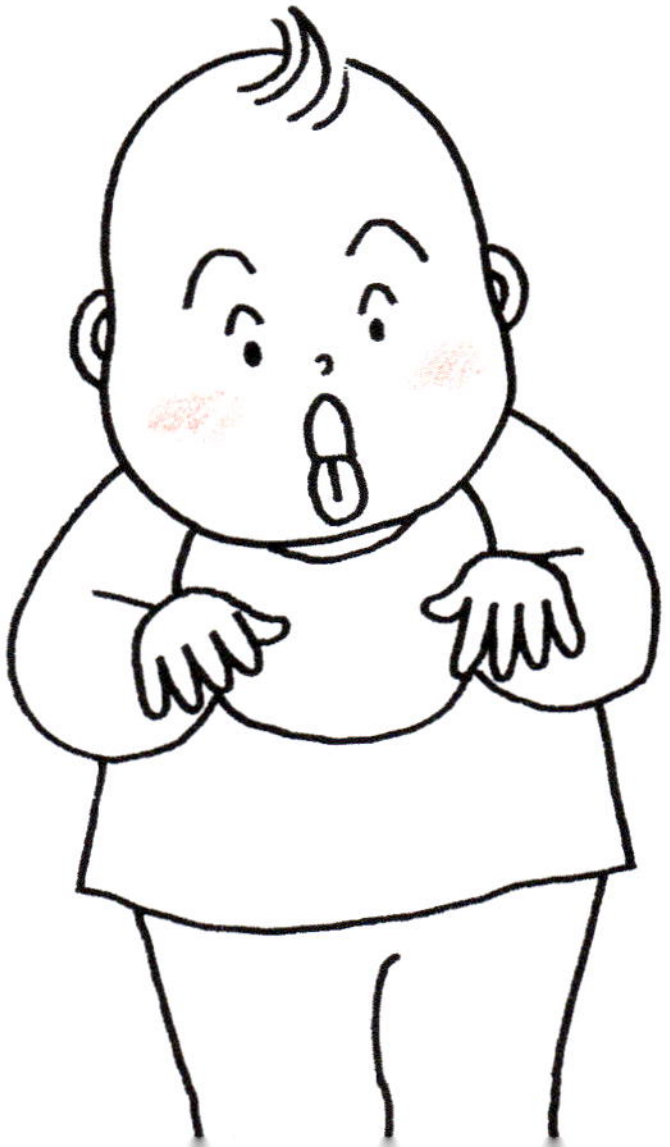

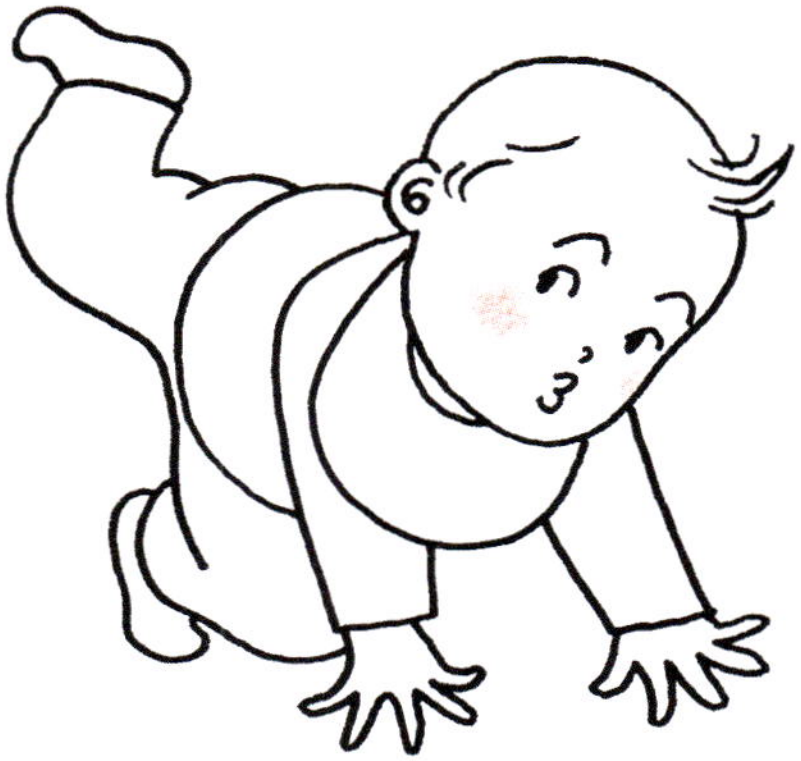

あんよを上げて、
おしっこ、ち〜!?
それはちょっと、
やめておこうよ……

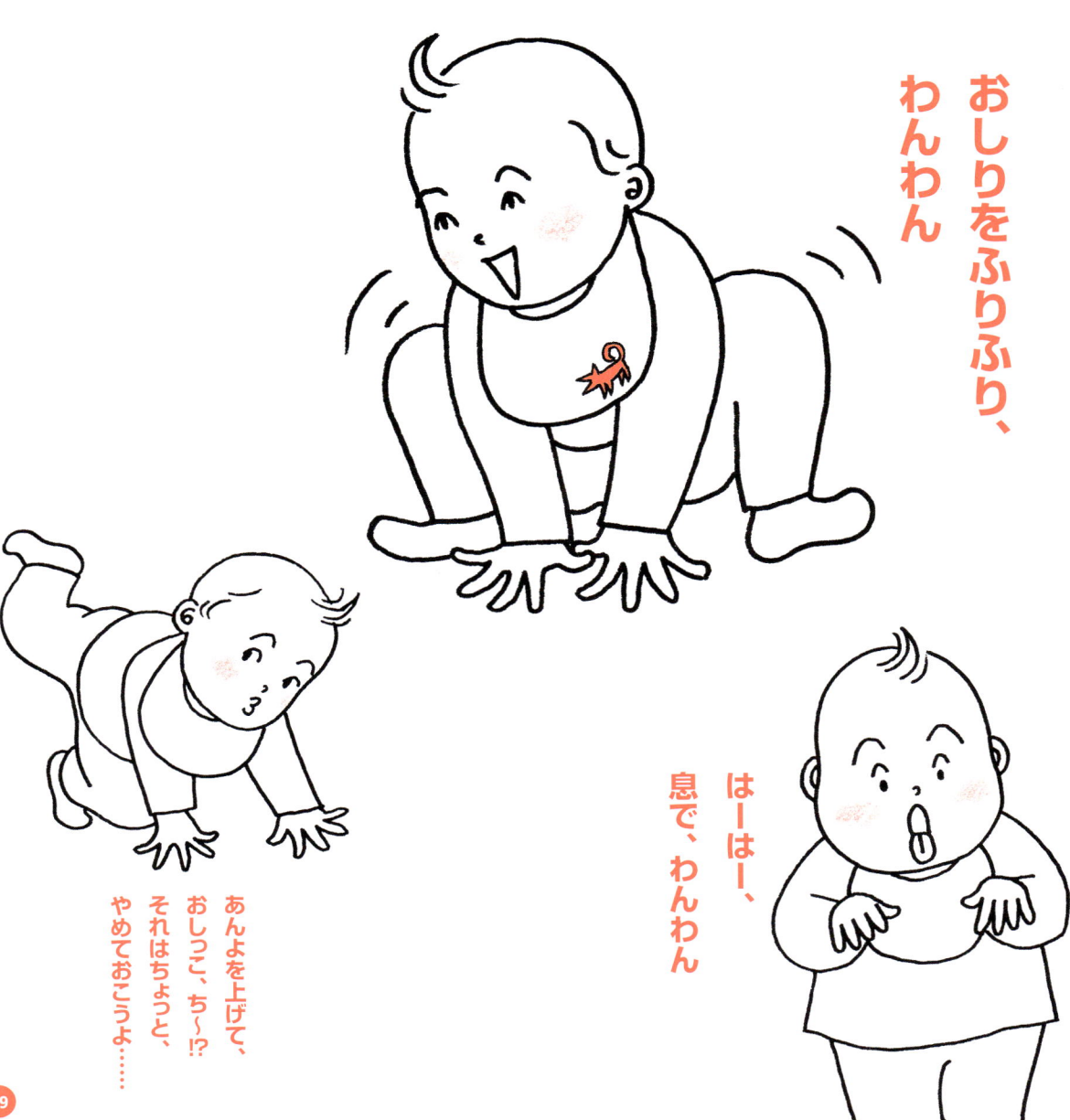

赤ちゃんに教えてもらうくらいの、ゆったりペースがちょうどいい

ベビーサインを教えることは
難しいことではありません。
「子どもと気持ちが通じると本当にうれしい！」
ベビーサインでお互いの気持ちが通じ合う、
そんな経験をしたお母さんみんなの感想です。
でも、うれしいからといって一度にたくさん教えようとしたり、
なかなか新しいサインをしないことで焦ったりしないで！
赤ちゃんはお母さんのイライラを敏感に感じとります。
ベビーサインは、たのしい子育ての補助道具。
赤ちゃんとお母さんがハッピーになるためにあるのです。
ゆっくりと、赤ちゃんのペースで覚えましょう。
おともだちとくらべたりするのも禁物ですよ。

「バイバイ」と「ねんね」以外、なかなかサインを覚えなくて心配していたのですが、絵本で、車と飛行機を覚えました。やった！（剛／1才4ヶ月）

あ、お花。これも、お花でしょ？
何度も、何度も、「お花」をやるの。

今日は、そういう気分なんだもん！

お花

開いた両手の手首を
向かい合わせにして
花の形をつくる

1. ベビーサインって、な〜に？

日々の感動が、いっぱい、いっぱいありますように

ベビーサインは、言葉を話せるようになってくるとほとんどが言葉に置き換わっていきます。

だから、ベビーサインだけで会話をするのは、実はほんの1年間前後のことかもしれません。

それでも、「気持ちが通じる」

「赤ちゃんの気持ちがわかる」

「ときにはしつけにも一役買ってくれる」

となれば、試してみない手はありませんよね。

すてきな思い出も増えるに違いありません。

おいしい
手でほっぺをかるくたたく

うまうま

しかられてむっつりしていたマリが「ごめんなさい」のサインをしながらしがみついてきました。いい子！と抱きしめちゃいました（マリ／1才7ヶ月）

「おいしいね」って
やってみたら
お父さんが
びっくりして、
ほほ笑んだ。
えへへ、うれしくて、
にこにこしちゃう。

赤ちゃん言葉も大丈夫。　なかなか覚えなくても大丈夫。

男の子より女の子の方が言葉の上達が早いとか、小さなころからいわゆる赤ちゃん言葉ではなく、正しい日本語を教えた方がいいとか、子育てに関しては昔からさまざまなことがいわれています。
だから、お母さんが悩んだり、迷ったりするのは当然のことかもしれません。
でも、言葉の発達に関しては、1～2才の段階ではあまり気にしなくて大丈夫です。

なんでもパパッと早く覚えて反応を返す子、ゆっくりゆっくり自分の世界をつくり上げていく子と、生まれたときから、赤ちゃん一人ひとりには個性があります。じ～っとしている子は、我慢強い子なのかもしれませんよ。

お母さんがかけてあげる言葉も「正しい」ことより、赤ちゃんにとってたのしく聞こえること、唇を動かして声に出すとおもしろいことの方が大事。「まんま」「わんわん」「にゃーにゃ」などの「音」は、赤ちゃんにとって、発音しやすく、おもしろく、たのしい「声遊び」でもあるのです。

そのたのしさをおさえつけて「ごはん」「犬」「猫」と無理やり発音させようとしても赤ちゃんにはちょっと難しい。すると赤ちゃんも萎縮して「おしゃべり」のうれしさを知ることができなくなってしまうかもしれません。

「しぐさ」と同じ、「ことば」も、たのしいことが最優先。

Vol. 2

絵本をお手本に
覚えるベビーサイン

しょうくんのおしゃべりな一日

1才5ヶ月のしょうくんと、
6ヶ月のはなちゃんは、
お隣同士に暮らすおともだち。
しょうくんは、
覚えたてのベビーサインで
ママとだんだんおしゃべりが
できるようになってきました。

赤ちゃんと一緒に、
絵に合わせて動きながら
何度も、何度も、読んで聞かせ、
しぐさを見せてあげてください。
そして日常の中でも試してみましょう。
きっと、たのしい時間が過ごせますよ。

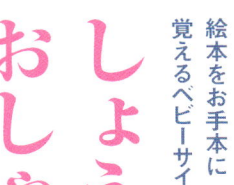

はなちゃんがおいしそうに
ミルクを飲んでいるよ。
「しょうくんもなにか飲む？
ちょっと待っててね」

しょうくんは、ママに「飲み物」のサインをしました

親指を立てて手をにぎり、親指で下唇をさす

ママは、しょうくんに
「待つ」のサインをしました

両手を相手に向け、手前から相手側に押し出す

「しょうくん、おいしい？」

ママはしょうくんに
「おいしい」のサインをしました
手でほっぺをかるくたたく

しょうくんは「ごちそうさま」のサインをしました
手を胸の前で合わせ、かるくおじぎをする

「しょうくん、
ごちそうさまいえたの？
おりこうさんね」

ママはしょうくんに
「おりこうさん」のサインをしました
手で自分の頭をなでながら、笑顔をつくる

しょうくんはママに
「お散歩」のサインを
しました

90度に曲げた両手を
前後にふる

しょうくん、なんだかそわそわしてる。
どうしたのかな。
「あら、お外に行きたいの？
お散歩に行こうか」

ママはしょうくんに
「お散歩」のサインをして確認しました

「うれしいね。
お天気がいいから、
おでかけしようね」

しょうくんが
「うれしい」
のサインをしました

「ばんざい」のように、
両手を上に挙げる

ママも「うれしい」のサインをして応えてあげました

「しょうくん、
寒い？ 暑い？」

しょうくんがサインで
「暑い」と応えました

ママがしょうくんに「寒い」「暑い」の
サインをして尋ねました

「寒い」
手を握って
体に密着させ、
全身をふるわせる

「暑い」
顔のあたりに
風をあてるように
両手であおぐ

「じゃあ、セーターは
脱いでいこうね。
教えてくれて、ありがとね。
寒くなったら、また教えてね」

ママはしょうくんに「ありがとう」の
サインをしてほめました

手を揃えて太もものあたりにおき、おじぎをするきれいなお花がたくさんあるよ。
お花屋さんだ。

しょうくんが
「お花」のサインを
しました

開いた両手の手首を
向かい合わせにして
花の形をつくる

「わあ、ほんとう！
お花だね。
しょうくん
見つけたの？
すごいね」

「そうだ、しょうくん、
お花買っていこうか。
お花くださいな、って、
お願いしようね」

お花屋さんが
「はいどうぞ。大切にしてね」と
しょうくんにお花を
渡してくれました。

しょうくんは「ありがとう」のサインをしました

はなちゃんは、
しょうくんのお花に
きょうみ、しんしん。

はなちゃん、お花に
さわりたいのかな。
「しょうくん、
はなちゃんに、お花を
さわらせてあげて」

しょうくんはなぜか
「嫌嫌」のサインをしました
顔をしかめて首を左右にふる

「あら、どうして？
いじわるしないで。
ちょっとだけ、さわらせてあげてね」

ママが「どうぞ」のサインをしてみせてあげました
片手を胸にあて、もう一方の手を差し出す

しょうくんは、はなちゃんに
お花を近づけてあげました。
「はなちゃん、お花、いいにおいだよ」

はなちゃんのママが
しょうくんに
「ありがとう」のサインを
してくれました。

手を揃えて太もものあたりにおき、
おじぎをする

「はなちゃん、ありがとうは？
……はなちゃんはまだ、
サインをしないのよね」

「まだ、6ヶ月だもの。
そのうちよ。
気長に、気長に」

むこうのほうから
なにか近づいてきたよ。

あ、わんちゃんだ！

しょうくんが「犬」の
サインをしています
はーはー息をする犬のまねをする

しょうくんが「大きい」の
サインをしました
両手をいっぱいに広げる

ママがしょうくんに
「危ない」のサインを
しました
両手を胸の前で交差させて
けわしい表情をする

「ほんとだ、大きいね。
しょうくんと同じくらいだね。
気をつけて。いたずらしちゃだめよ」

飼主のおじさんがいいました。
「大丈夫だよ。
　そーっとなでてごらん」

「わんちゃんも、お散歩だね。
　しょうくんと一緒、なかよしね」

「わんちゃんと
　なかよしになれて、うれしいね」

しょうくんは「うれしい」のサインをしました

「ばんざい」のように両手を上に挙げる

しょうくんが「なかよし」のサインをしました

両手を胸の前で交差させて体を左右にかるくゆらす

「しょうくん、そんなにあわてて走らないで」

こけっ！

あらら、しょうくん、
転んじゃった。

「え〜ん、
え〜ん」

「しょうくん、どこが痛い？」

ママが「痛い」のサインをしながら、
しょうくんに尋ねました

手の甲をもう一方の手でかるくつねる

しょうくんは、ひざををさすりながら
「痛い」のサインをしました

「おひざが痛いのね。
痛いの、痛いの、飛んでけ〜」

「お薬ぬろうね。
いい子。強い子ね」

しょうくんが
「薬」のサインを
しています

手のひらをもう一方の手の
人差し指でなでる

ママも「薬」のサインをして
応えてあげました

たくさん遊んで、しょうくん、
ちょっと疲れちゃった。

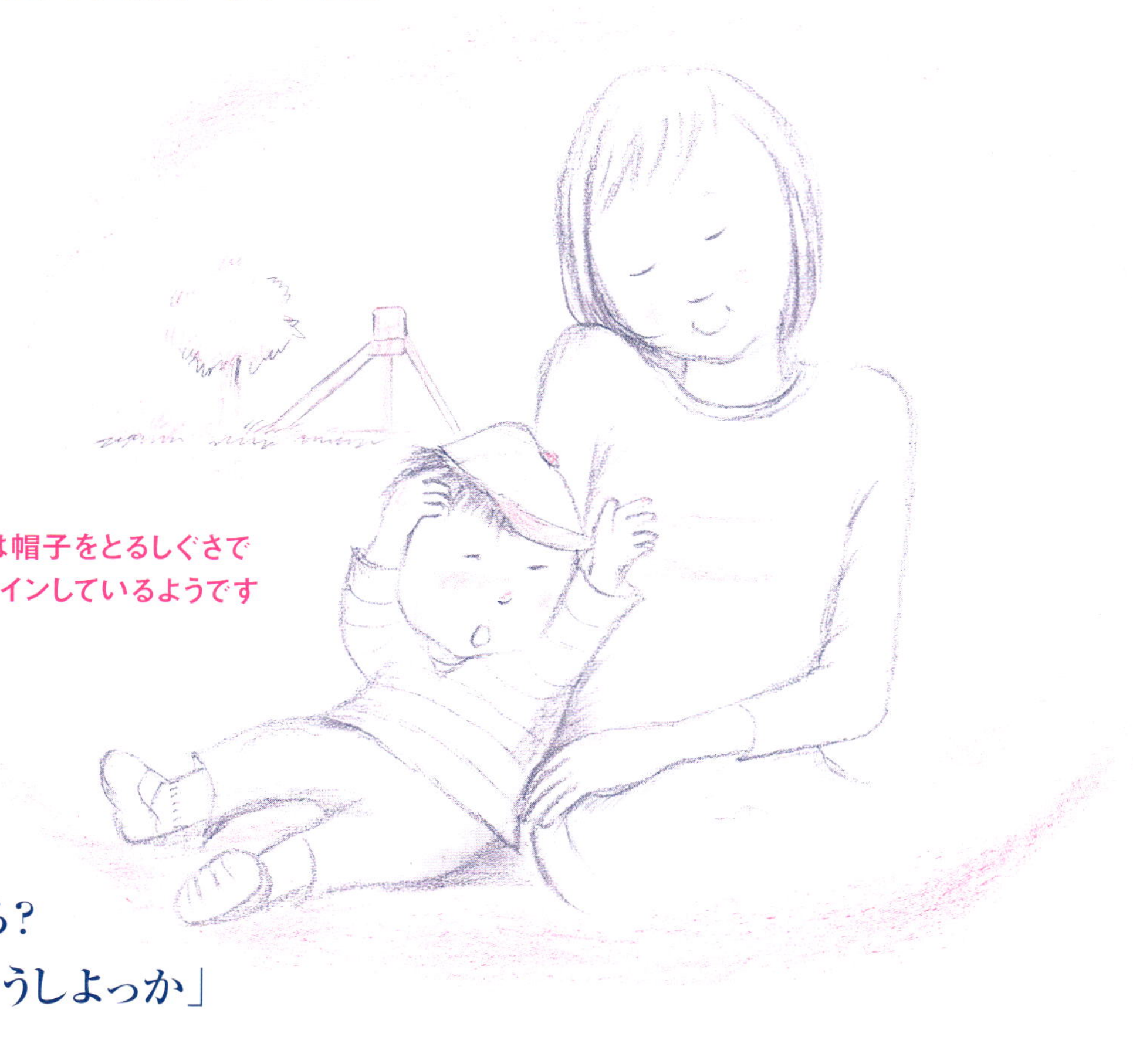

しょうくんは帽子をとるしぐさで
「帰る」とサインしているようです

「お家に帰る？
じゃあ、そうしよっか」

「じゃあ、はなちゃん、バイバイね」

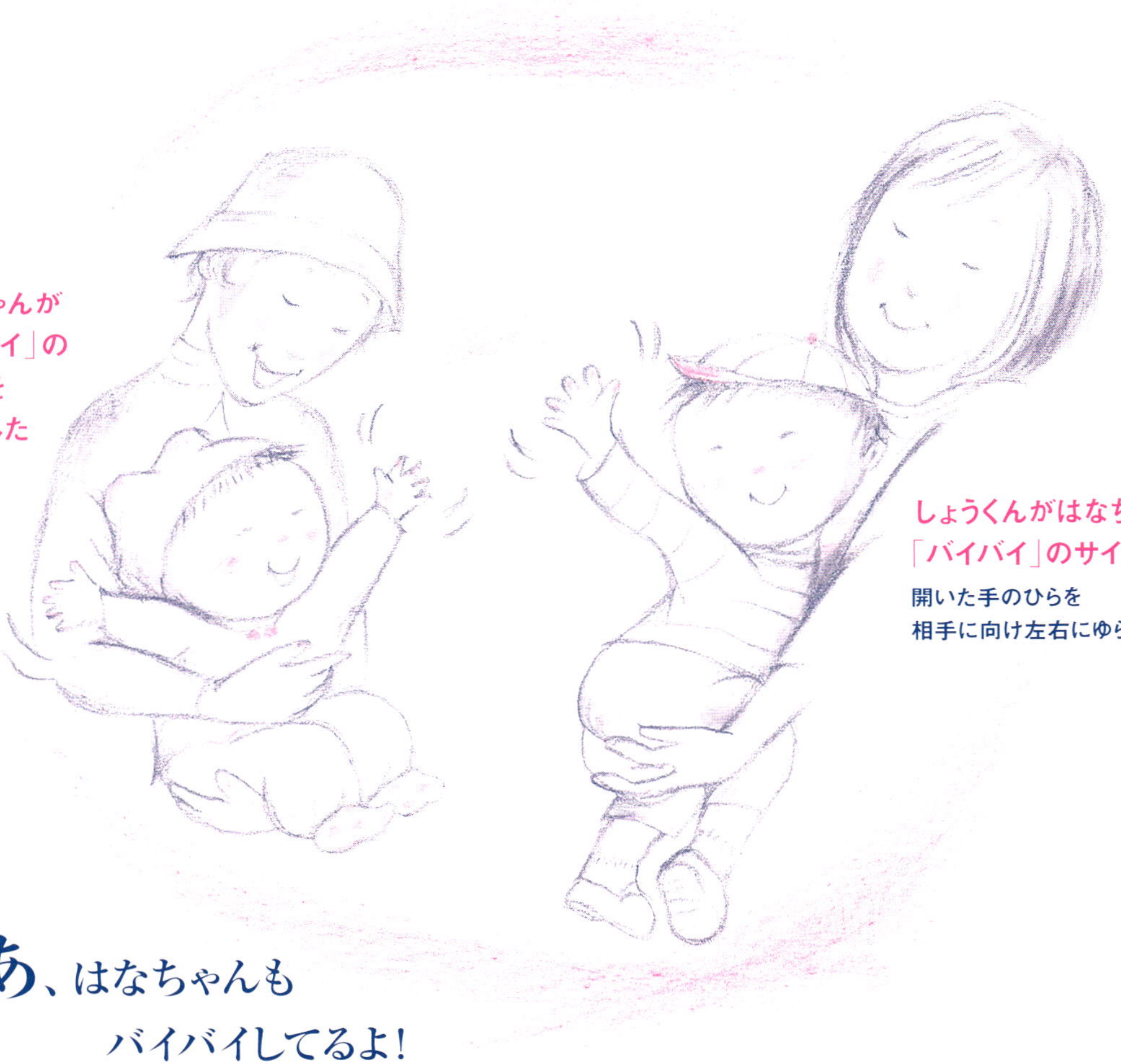

はなちゃんが
「バイバイ」の
サインを
返しました

しょうくんがはなちゃんに
「バイバイ」のサインをしました

開いた手のひらを
相手に向け左右にゆらす

「あ、はなちゃんも
バイバイしてるよ!
すごい、すごい!」

さてと、お家に着きましたよ。
「お外から帰ったら、
どうするのかな？」

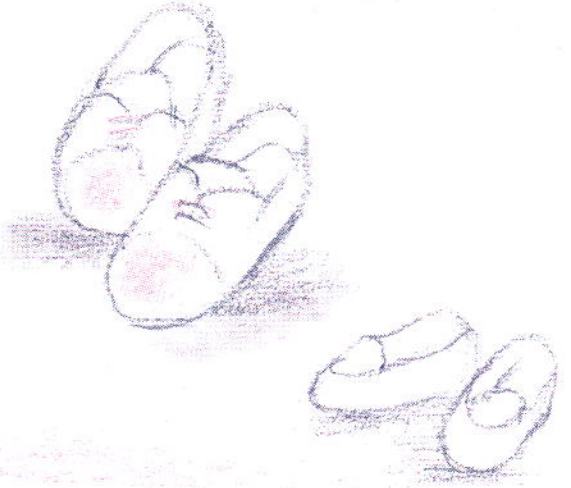

しょうくんは「手を洗う」の
サインで応えました

水道水で手を洗うように
両手をこすり合わせる

「そう、おててを洗おうね。いい子ね」

しょうくんが「おむつ」の
サインをしています

両手でおむつをかるくおさえる

「あ～さっぱりした。
気持ちいいね」

「ちーがしたいのね。
おむつも替えておこうね」

ママが「替える」のサインで応えました

両手の人差し指を上下にたて
左右を入れ替えるようにする

「おなかすいた？
おやつ食べる？」

しょうくんが「おやつ」の
サインをしています
物を持つような形にした手を口元にあてる

「ちょっと、待ってね」

ママが「待って」のサインで、しょうくんにお願いしました

ママが、ビスケットとココアを
用意してくれたよ。

「ココア、熱いからふーふーしてね」

ママが「熱い」のサインをしています。
しょうくんもそれを見てふーふーしています

口をすぼめて息をふきかける

おやつも食べて、
しょうくん、ちょっとおねむかな。

「しょうくん、お昼寝する？」

ママが「ねんね」のサインで尋ねました

両手を合わせてほっぺにあて目を閉じる

「じゃあちょっと、ねんねしようね」

ぐっすりねむったしょうくん、
なんだかほほえんでいるみたい。
夢の中ではたぶん
大好きなお母さんやお父さんと、
たくさん、たくさん、おしゃべりしているよね。

赤ちゃんとお母さんの　おめめとおめめを合わせて、
たのしく過ごしましょう。

ベビーサインを教えたり、覚えたりするときに限らず、乳幼児期の子育てで一番大切なのは、お母さんやお父さんと赤ちゃんとが、「視線を合わせてにっこりほほ笑み合うこと」です。

赤ちゃんが動いたり、なにか働きかけてきたときには、必ず目を見て「わかっているよ。いい子だね」と、気持ちが通じていることを赤ちゃんに伝えてあげましょう。本当は何がいいたいのかよくわからなくても「あなたを見守っていますよ」というお母さんの気持ちは、ちゃんと赤ちゃんに伝わるものです。

目はすべてを語るともいいますよね。視線を合わせられるようになることは、気持ちのやりとりができるようになったということ。
ベビーサインも、教えやすく、覚えやすくなっていきます。

この時期に「視線を合わせる」ことで、親子の信頼関係をつくることが、私はなにより大切だと思っています。だから、テレビやビデオより、音楽を聴きながら、お母さんと赤ちゃんが向きあってベビーサインを覚えてもらえるように、音楽CDをつけたというわけです。

Vol. 3

ベビーサイン、こんなときはどうしたらいいの？

お母さんの疑問や不安にお答えします！

［教えて！1］

どんなサインがあるの？

ベビーサインには、
お母さんが日々自然にしているしぐさを
赤ちゃんがまねして始まるサイン、
赤ちゃんが自分で考え出すサイン、
そして、しつけの手助けになるよう
お母さんやお父さんが考えて教えるサインと、
大まかには3種類があります。
赤ちゃんが興味を持つ事柄から、
ゆっくり教えていきましょう。

両手を胸の前で
交差させて
けわしい表情をする

はじめて会ったおばあちゃんに、なかなかサインを見せてくれなくてヤキモキ。でも、おやつを見たとたん「ちょうだい」だって、もう！（翔太／11ヶ月）

ちょうちょ

開いた両手の
親指を合わせて
指をひらひらさせる

ねんね

両手を合わせて
ほっぺにあて
目を閉じる

［教えて！2］

いつごろから始めるのがいいの？

ベビーサインができるようになる時期は、
赤ちゃんによってさまざまです。
意識的に教えることを始めるのは、
赤ちゃんがまわりのものに興味を持つようになる、
生後6～7ヶ月目くらいからがいいでしょう。
ただし、教えてすぐに覚えるわけではありません。
しばらくは、まったく反応しないかもしれませんが、
焦らずゆっくりチャレンジしてみてください。

おっぱい／ミルク

哺乳瓶を持つように
げんこつを上下に合わせ、
手を開いたり閉じたりする

「ありがとう」とぺこりと頭を下げるしぐさが近所の方々に大好評。ほめられるのがうれしいのか、だれかれかまわず、ぺこりしてます…（未来／9ヶ月）

「お母さ～ん、
おなかすいたあ。
おっぱい
ちょうだ～い！」

［教えて！3］

いつ、教えたらいいの？

「おなかがすいた」「眠い」「遊びたい」「甘えたい」など、赤ちゃんが、なにか強く「気持ちを伝えたい」と、実際に思っているときがチャンスです。

眠たそうにしているときに「ねんねする？」と声をかけながら（ねんね）のサイン、ミルクを飲むときに（ミルク）や（おいしい）のサインと、実際の行動とともに教えていきましょう。

「絵本」に登場する動物などを、眺めながら覚えるのもいいですね。

P25からの「しょうくんのおしゃべりな一日」のように、暮らしの中で自然と生まれる感情や欲求に合わせて、サインを引きだしてほしいのです。

「お母さん、なにやってるの？
飛行機って、なんのことだか
わからないよお」

覚えがよくなってきたので、調子にのって夜に教えていたら大失敗。興奮してなかなか眠らない…。時間も考えたほうがいいですね（愛里／1才8ヶ月）

そして、ひとつお願い。
実物も絵本もなく、
「飛行機」がまだなにか
わからない状態の赤ちゃんに
「飛行機」のサインだけを
教え込もうとしたり、
ご褒美におやつを与えたりする
餌付けのような教え方だけは、
やめてくださいね。

飛行機

両腕を広げ
飛行機が飛ぶ
様子をあらわす

［教えて！4］

たくさん教えた方がいいの？

無理してたくさん教える必要はありません。
赤ちゃんが気にいっているサインや、
生活の中で自然に出てくることを、
たのしみながら、教えていきましょう。
食事のときは、お母さん、お父さん、
おじいちゃん、おばあちゃん、みんなで
語りかけながらできるサインがたくさんあります。
「おいしいね」「おなかいっぱい」「りんご」「ミルク」など、
ごはんを食べさせながら、
いろんなしぐさをしてみましょう。
赤ちゃんも、ごはんの時間が
もっとたのしくなるかもしれませんね。

すごいですね。おともだちのりょうくんと、サインをやりとりし始めました。おもちゃを「ちょうだい」。「嫌」。……うちの子、欲張り？（陸／1才9ヶ月）

「うふふふ
みんながいろいろ教えてくれる。
今日はお父さんに注目！」

飲み物／ジュース

親指を立てて
手をにぎり
親指で下唇をさす

［教えて！5］

教え方のコツはあるの？

大切なことは、赤ちゃんと目を合わせながら、
お母さん自身が、たのしそうに動くこと。
恥ずかしがらずに、体をめいっぱい使って、
大きく、ゆっくり、動いて見せてあげましょう。
また、言葉と一緒に教えることも大切なこと。
サインをしながらゆっくりと声に出して
言葉をかけてあげてください。
後々の言葉の発達にも効果が期待できるでしょう。
しぐさと言葉が、赤ちゃんの脳に、ここちよい刺激になるからです。
そして、なにかサインができたら、
めいっぱいほめてあげて。
「ほめられる」ことで、ますますサインをするのが
たのしくなるはずです。

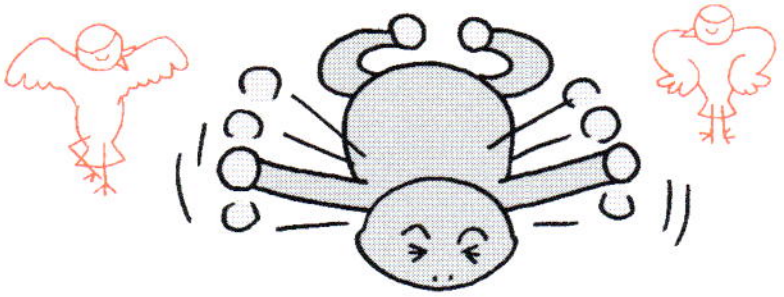

夫の両親が絵梨に「おばあちゃん」を「タレ目」で教えるとすぐに覚えて大盛りあがり！　でも、そのサインいいんですか？（絵梨／1才3ヶ月）

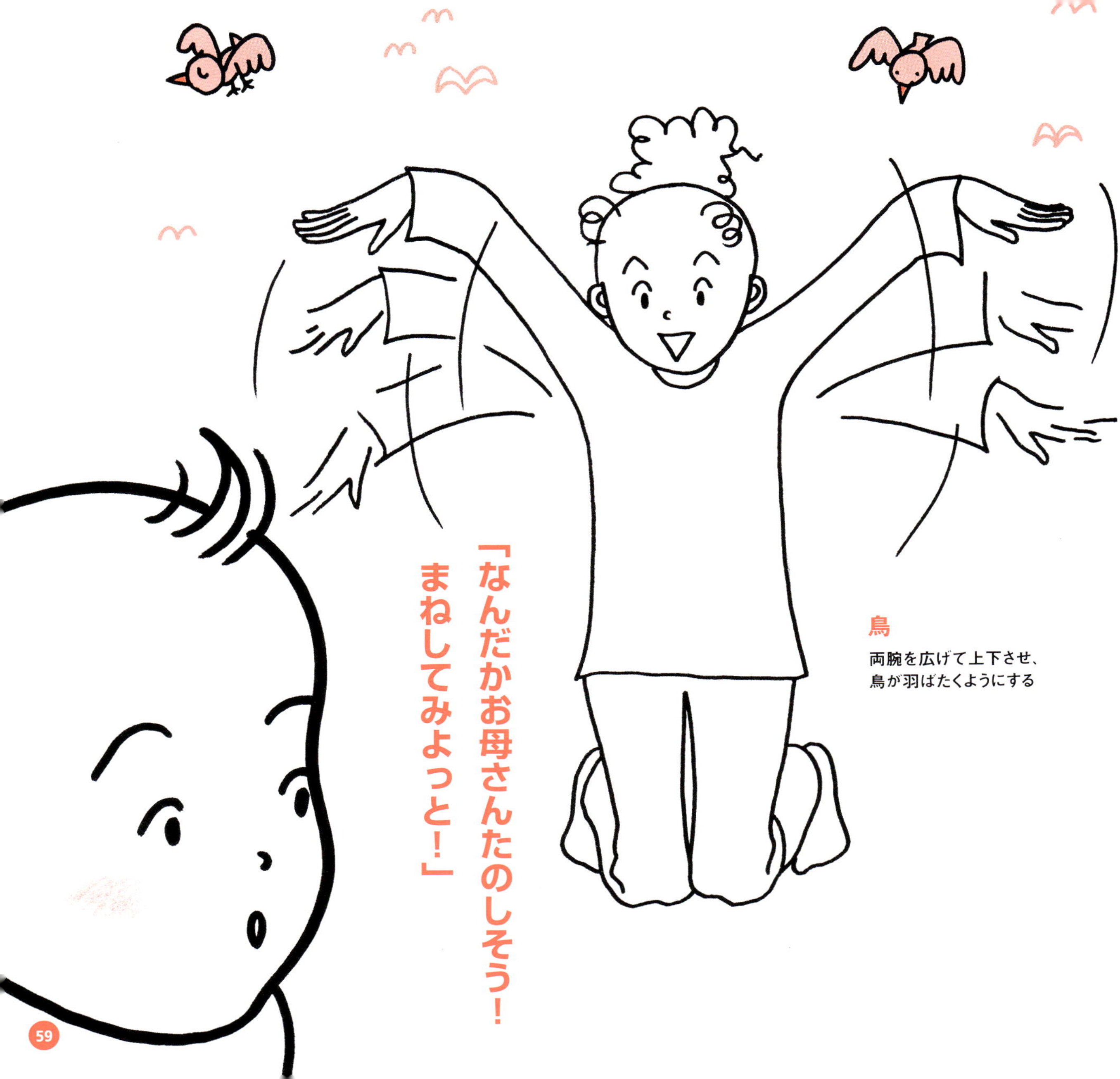

「なんだかお母さんたのしそう！
まねしてみよっと！」

鳥

両腕を広げて上下させ、
鳥が羽ばたくようにする

［教えて！ 6］

一日に何個、教えたらいいの？

一日に何個、なんて考えないで、
はじめは一日1個まで、
くらいのゆっくりペースで始めましょう。
赤ちゃんが、自分からサインを始めるようになると、
今度はどんどん、赤ちゃんの方から
いろんな動きを示すようになります。
それくらいになったら、あとは、
遊びながら、覚えられるだけ、
どんどん増やしていけばいいのです。

「お母さん、
まって、まって！
そんなに一度に
できないよう！」

どうぶつがたくさん出てくる絵本で、サインをつくって遊んでいます。どんどん開発するので、メモしておかないと大変！（由貴／2才1ヶ月）

1日10個
おむつ
おなか
いっぱい
わんわん
飲み物／
ジュース

［教えて！7］

どんなときに使うのかは、どう教えたらいいの？

いくつかのサインを覚えたら、
お家の中だけでなく、
公園で遊んでいるとき、
おともだちといるときなど、
いろんな場面で、ひとつのサインのバリエーションを教えてみましょう。
食事時に覚えた「ちょうだい」「どうぞ」「ありがとう」は、
おともだちとおもちゃで遊ぶときにも使えます。
おもちゃを借りるときに「ちょうだい」「ありがとう」。
貸してあげるときに「どうぞ」。
ひとつのサインがお母さんだけでなく、おともだちや、
近所の人たちにも通じるということが、
赤ちゃんにも、だんだんとわかっていくでしょう。
しだいに赤ちゃんの世界も広がっていくはずです。

「静かに」を覚えた！ 電車やバスの中で人差し指を唇にあてて「シーッ」をすると、おとなしくするようになりました。5回に1回くらい、ですけど（駿／2才）

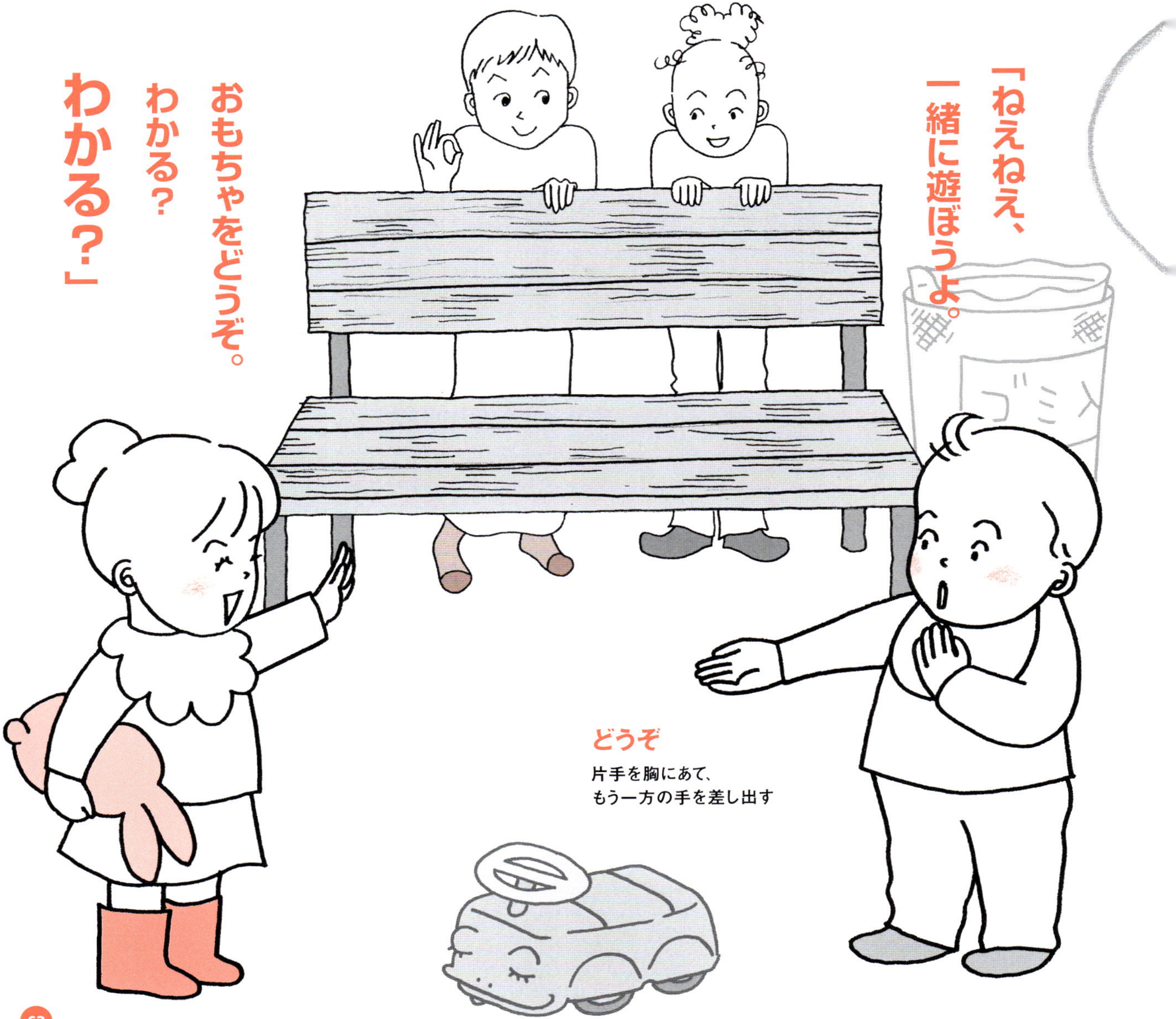
「ねえねえ、
一緒に遊ぼうよ。
おもちゃをどうぞ。
わかる？
わかる？」
ゴミ入

どうぞ

片手を胸にあて、
もう一方の手を差し出す

［教えて！8］

どんなときに役立つの？

「あぶない」「熱い」「痛い」「ダメ」などのベビーサインは、
赤ちゃんを危険から守るのに役立つこともあります。
また「静かに」「待って」などのサインを覚え、
その意味がわかるようになると、
それまでむずがっていた赤ちゃんも、ちょっとだけ、
今までより我慢ができるようになることもあるようです。
そしてなにより、赤ちゃんが、
お母さんのいっていることがわかっていることを、
お母さん自身が確認できることによって、
お母さんの心に余裕ができることが、
一番すてきなことだと思いますよ。

「待って」「ダメ」は、結構効き目あり。ちゃんと、我慢ができるんだなって、母としてはちょっと感動したりします（健太／7ヶ月）

ダメッ
「お母さんがダメっていってる。気をつけなくちゃ」
ドキ！

危ない／ダメ
両手を胸の前で交差させて、けわしい表情をする

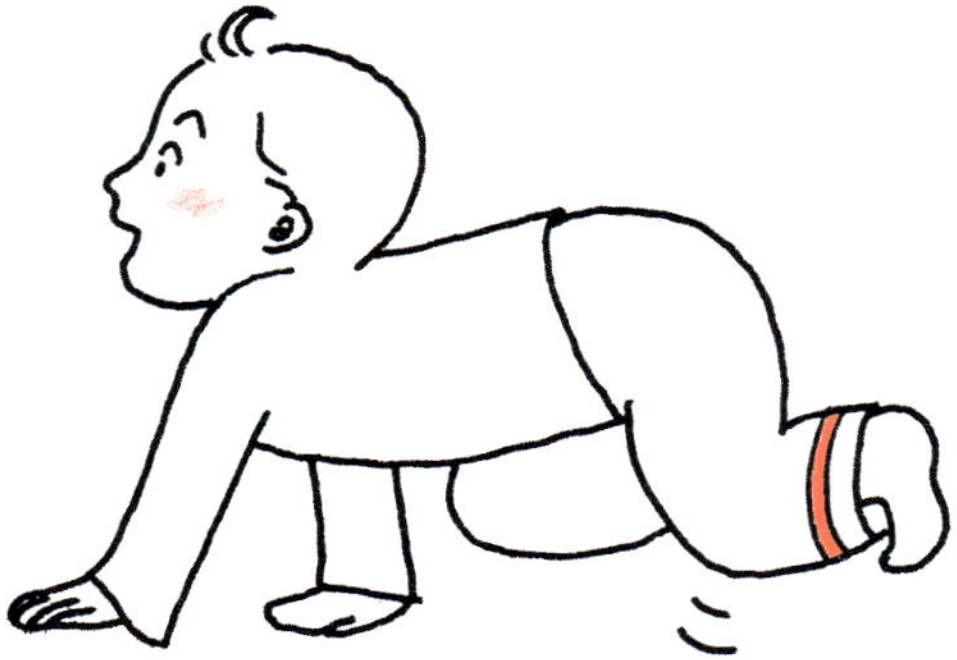

［教えて！9］

言葉の上達を助けてくれるの？

結果的に、言葉の発達を助ける
ということはあるでしょう。
なぜなら、ベビーサインでおしゃべりする
たのしさを知ったお母さんと赤ちゃんは、
たくさんたくさん、一緒に遊び、
気持ちを伝え合おうとするからです。
実際に言葉が使えるようになってくると、
ベビーサインはだんだんと
言葉に置き換わって消えていきます。
けれども、ベビーサインを使うことで、
言葉が遅れるという心配はないので大丈夫！

おしゃべりとサインの両方を使うようになってきました。「お水」といって、手をくるくる。私がお洗濯している横でやっていました（美咲／2才4ヶ月）

ベビーサインで、お母さんと「気持ちが通じる」
うれしさを知った赤ちゃんは、
発声ができるようになればもちろん、
言葉を使って、もっともっと、
気持ちを伝えようとすることでしょう。

「見て！ 聞いて！
お母さん！
わんわんがいるよ！」

［教えて！10］

好きなサインから教えていいの？

ベビーサインに、教える順番はありません。
ただ、生活に密着している（ミルク）や（ねんね）などが、
教えるチャンスが多い分、覚えさせやすいというだけのことです。
あとは、赤ちゃんが興味を持った事柄から教えていきましょう。
お外が好きなら、（わんわん）（おはな）（ちょうちょ）（車）などから。
お外で見てきたものをお家に帰ってから
「さっき、このにゃんにゃんお外にいたね」と、
絵本や図鑑で確認してみるのもいいかもしれませんね。
赤ちゃんが、じ〜っと観察しているもの、
教えるとうれしそうにすることから教えていってあげて。

サインをなかなか覚えなくて少しあきらめていたころ、ミニカーを手に、車、ダンプ、バイクと、一気にサインが増えました（翼／11ヶ月）

「車って、かっこいいなあ。
あ、飛行機もいいなあ」
車
ハンドルをまわす
まねをする

［教えて！11］

ふたつ以上のサインを組み合わせることもできるの？

サインの数が増えてくると、
ふたつ以上のサインを組み合わせて、
お話するようになってきます。
「ミルク」＋「ちょうだい」、「大きい」＋「犬」など、
言葉の発達と同じですね。
赤ちゃんとサインでお話するときに、
お母さんが意識的に、
ふたつのサインを組み合わせて語りかけてみましょう。
もちろん、言葉も一緒に。
おしゃべりがもっとたのしくなりますよ。

彩は今「かわいい」がブーム。かわいい花、かわいい犬、かわいい車、かわいいパパ、そしてもちろん「かわいい」「彩」（彩／1才4ヶ月）

「このりんご、おいしいねえ」

おいしい

手でほっぺをかるくたたく

りんご

手で球をつくりりんごに見立てる

大きい

両手をいっぱいに広げる

わんわん

はーはー息をする犬のまねをする

「大きなわんちゃん！」

「おむつ替えて！ 気持ち悪いよお」

おむつ

両手でおむつをかるくおさえる

汚い

片手で鼻をかるくつまむ

「ちょっとだけ、おやつがほしいの」

小さい

親指と人差し指の間に小さなすきまをつくる

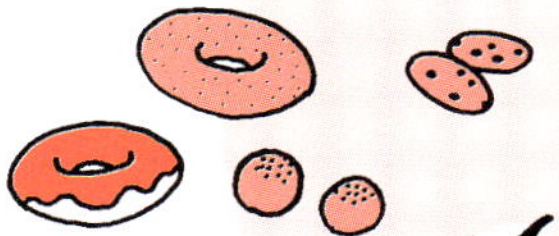

おやつ

物を持つような形にした手を口元にあてる

娘のサインをデジカメで撮影して保存。今、23個になりました。だんだん、お外の世界のサインが増えていっているみたい（いずみ／1才4ヶ月）

「お母さん、おむつのあたりが痛いよお」

おむつ

両手でおむつをかるくおさえる

痛い

手の甲をもう一方の手でかるくつねる

「電気のピカピカ、消えたよ！」

電気

両手を挙げて、手を握ったり開いたりする

なくなった

両手のひらを下に向け、左右にゆらすようにする教えて！12

教えたサインとは違う、別のしぐさをしているみたい…

お母さんには簡単でも、
赤ちゃんにはちょっと難しい動きもあります。
例えば、指を細かく使う手話のような動きは、
ちょっと難しいかもしれません。
教えてはいないけれど、
たびたび同じ動きをしているようなら、
そのしぐさを「いつ」しているか、
「なにを見て」しているかを、よく観察してみてください。
赤ちゃんのしぐさが、「なにを」表しているのか、
きっとわかりますよ。
オリジナルのサインをつくっちゃうなんて、すごい！
そんな気持ちで見守ってあげてください。

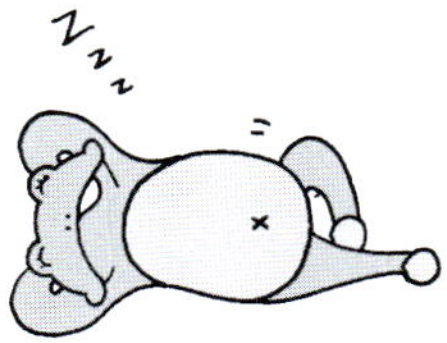

お鼻の下に指を置くのが、「じいちゃん」のサインだとわかったときの、義父の喜びようはすごかった。お髭があってよかったね（拓也／1才8ヶ月）

「お父さんは、
おなかがおっきいの。

だから、これが
『お父さん』の
サイン！」

［教えて！13］

本に書いてあるサインと同じことをしてくれない…

赤ちゃんの個性を、大切にしてあげてください。
ベビーサインは、あくまで、赤ちゃんと家族が会話するための、
「家庭内の言葉」。それで、十分なのです。
できたことだけ喜んで、できないことは気にしないこと。
お母さんがたのしめないと、
赤ちゃんも、たのしくサインを使えませんよ。
もちろん、近所のおともだちと、同じサインを使えたら、
それはとってもすてきなこと。ちょっとだけ、
試してみると、新しい発見があるかもしれません。

近頃は、自分から私にサインを覚えさせようとします。何を表しているのかなあ、と探すのも、なぞなぞみたいでたのしいですね（みゆき／1才5ヶ月）

「お母さん、あのね、あのね」
「見て見て、聞いて、聞いて」
ハイハイ ハイハイ
うん、うん
ハイハイ、
そーね、
うー
何言ってんの…？

赤ちゃんだって、緊張するのです。

ベビーサインで赤ちゃんとお話できたときの、お母さんたちの喜びようといったらすばらしいものがあります。それは、お母さんと赤ちゃんに限らず、お父さん、おじいちゃん、おばあちゃんも一緒。

ところがときどき、こんな相談を受けることもあります。
「せっかくおばあちゃんがいらっしゃったのに、その日に限って、ぜんぜんベビーサインをしてくれなくて、がっかり……」なんて。

それは当たり前。同居しているおじいちゃん、おばあちゃんなら赤ちゃんも慣れていますが、はじめて会った、または、数ヶ月ぶりに会った人を前にしたときは、赤ちゃんだって緊張しています。赤ちゃんは、たとえ身内でもたいてい人見知りするものです。お母さんだって、そうでしょう？ 赤ちゃんも大人も同じです。

久しぶりに会いにきたおじいちゃんやおばあちゃんは、孫の成長が見たくてしようがありません。だからといって、赤ちゃんがいつでも応えられるわけではないのです。ベビーサインは「芸」ではないのですから。

おじいちゃんやおばあちゃんも、孫の成長を見たい思いはぐっとこらえて、まずは、赤ちゃんの気持ちをほぐしてあげてください。ふいに「好き」と、サインをしてくれるかもしれませんよ。

Vol. 4

CDを聴きながら
たのしく覚えるベビーサイン

歌って、踊って、覚えましょう

ここでは、なじみのある
わらべ歌を中心に、
ベビーサインになりやすい
振り付けのある歌を紹介します。

わらべ歌は、ベビーサインの宝庫

ベビーサインは、絵本を読みながら、
その状況を体で表現してあげたり、
動物のモノマネをしたりすることで、
教えていくことができます。
そして、昔ながらのわらべ歌は、
まさに、ベビーサインの宝庫。
ここでは、たのしく遊びながら教えられて、
サインとしても使える、振り付けをした
わらべ歌をいくつか紹介します。

ここで紹介する5曲のわらべ歌は、

げんこつやまのたぬきさん
おおきな くりの きの したで

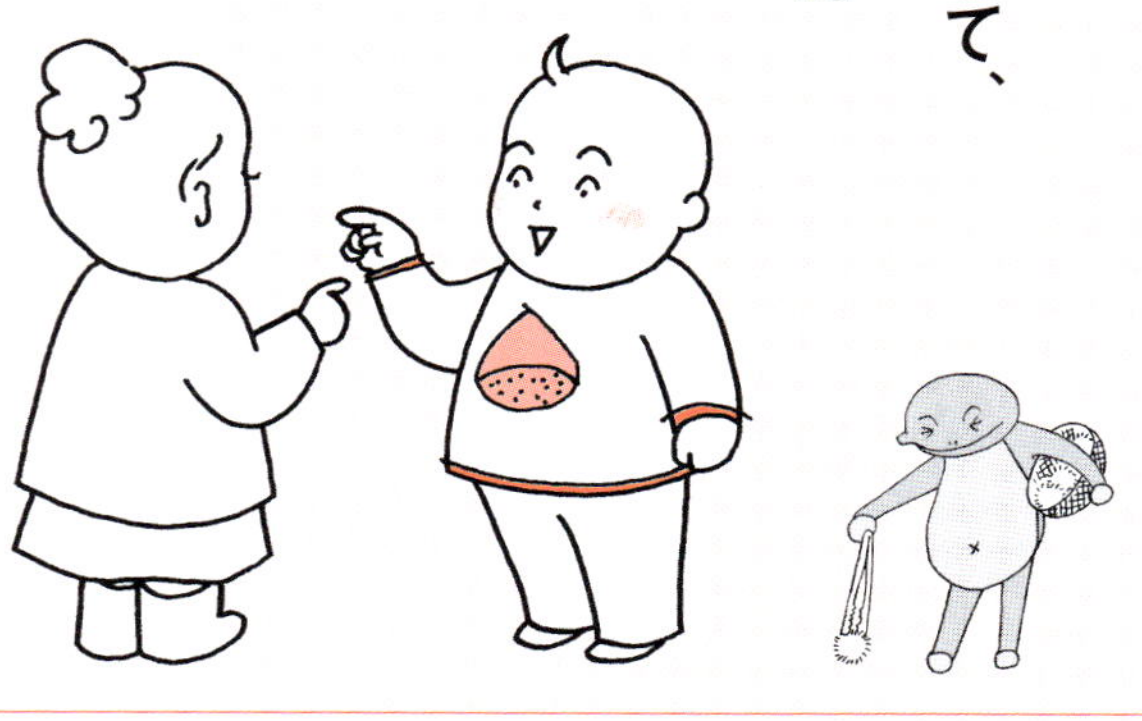

歌が大好きな潤は、音楽をかけると全身でリズムをとります。「ぞうさん」では、なぜか腰をふりふり……（潤／1才3ヶ月）

ひら　ひら　ひら
てをたたきましょう
ごっくん　もぐもぐ　かみかみの歌
です。付録のCDに歌入りの音楽と、
カラオケが入っています。
音楽は、できるだけ、お母さんと赤ちゃんが
ゆったりした気分で聴くことができる
音色であることを大切にしました。
やわらかい音色が特長の、
木琴類や笛を伴奏に、
やさしい声で語りかけるように歌い、
ベビーサインの動きを合わせられるように、
ゆっくりめのテンポで録音しています。
カラオケに合わせて替え歌をつくって
遊ぶのもたのしいと思います。

わらべ歌でたのしく遊んで、気持ちや想像力を育てましょう

わらべ歌の中でも「遊び歌」と呼ばれる
振り付けのある歌が、赤ちゃんは大好き。
それは、どうしてでしょう？

動きながら歌う「遊び歌」は、
赤ちゃんの五感を刺激してくれます。
それがここちよいのではないかと思います。
音を聴き、
お母さんの動きを目で追って、
声を出したり、
手をたたいたり。
そして、その遊びをするときは、

「てをたたきましょう」の「ぷんぷんぷん」の部分でほっぺを膨らませるのがたのしいみたい。でも顔は笑っています（みづき／8ヶ月）

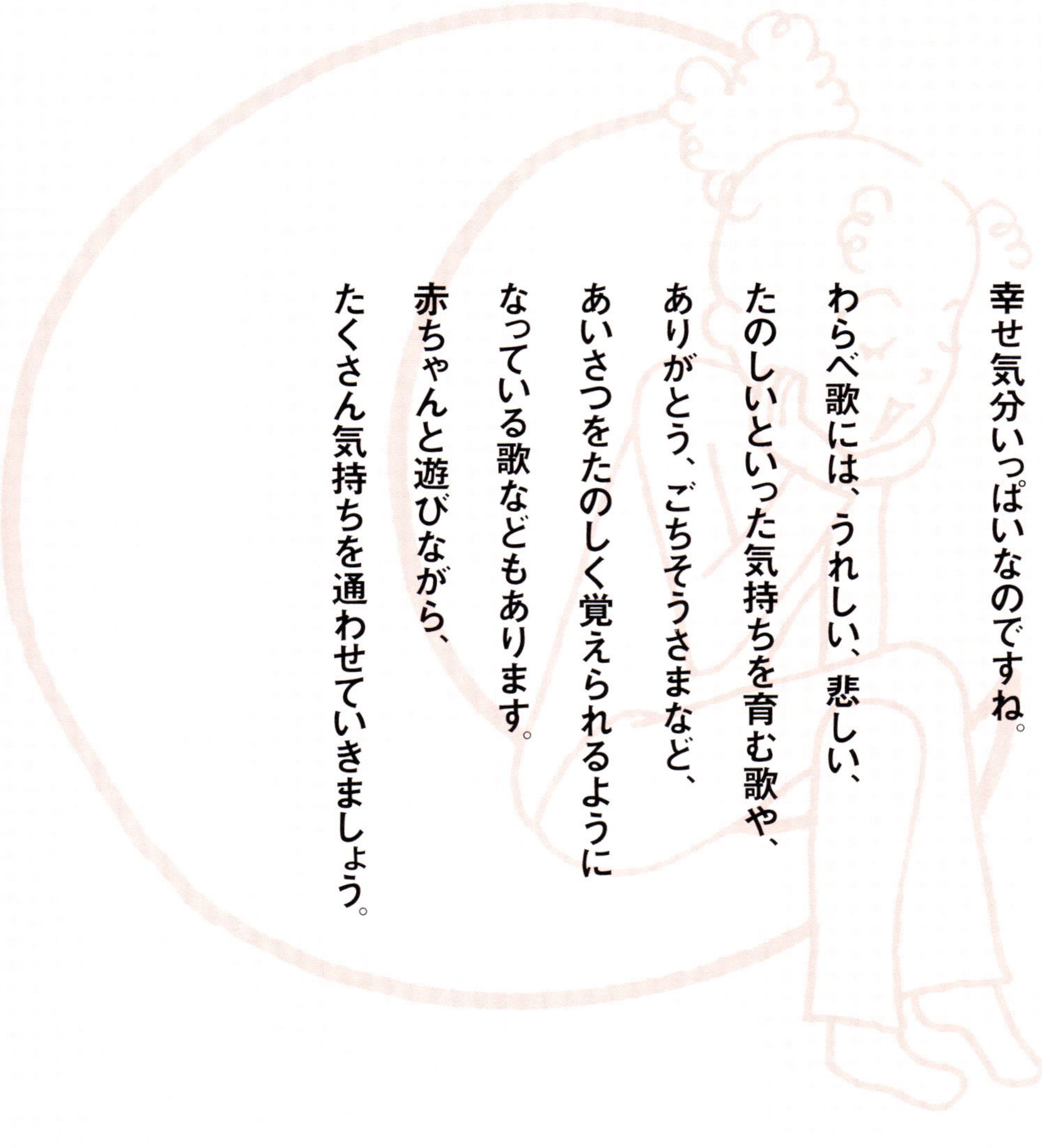

いつも大好きなお母さんのにおいに
包まれているのです。

お母さんと一緒の「遊び歌」は、
幸せ気分いっぱいなのですね。

わらべ歌には、うれしい、悲しい、
たのしいといった気持ちを育む歌や、
ありがとう、ごちそうさまなど、
あいさつをたのしく覚えられるように
なっている歌などもあります。

赤ちゃんと遊びながら、
たくさん気持ちを通わせていきましょう。

♪♪げんこつやまのたぬきさん

わらべ歌（編曲／奥居史生・5曲すべて）

げんこつやまの
たぬきさん
おっぱいのんで
ねんねして

赤ちゃんと一緒に替え歌をつくってみましょう

鈴木さんちの　涼子ちゃん（お子さんの名前）
おっぱいのんで　ねんねして
だっこして　おんぶして　また　あした

♪♪ おおきな くりの きの したで

作詞・作曲／寺島尚彦

1番

おおきな

くり

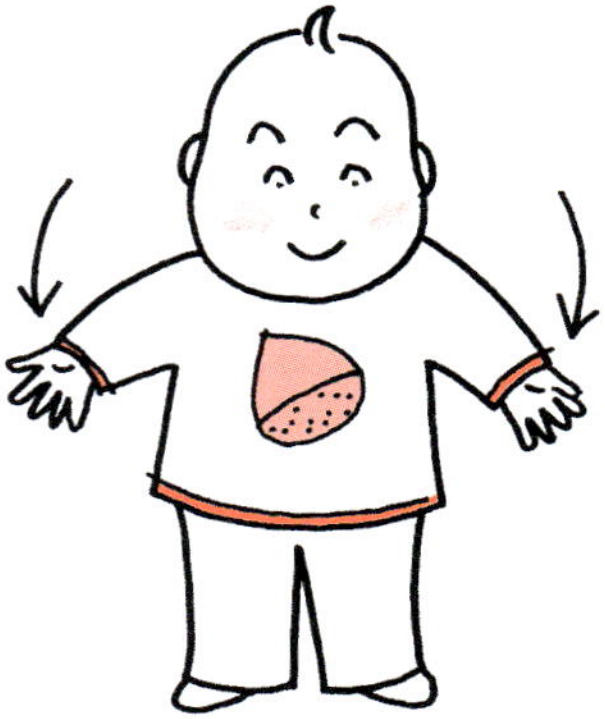

の

きの

した

で

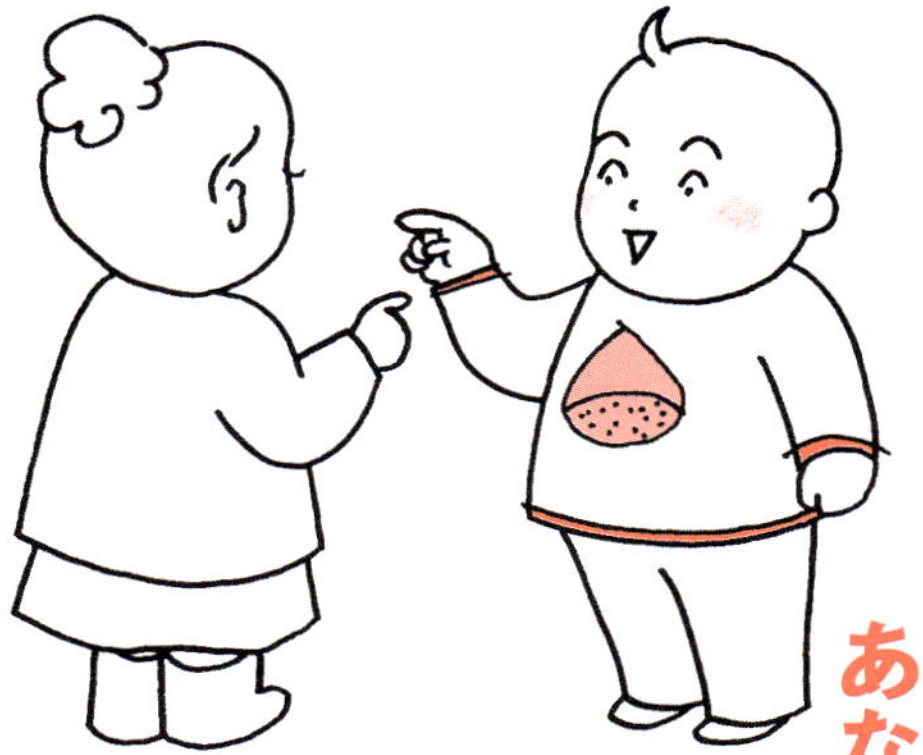

あなたと

わたし

なか
よく
あそびましょう

おおきな　くりの
きの　したで

おおきな くりの きの したで

2番

おおきな　くりの
きの　したで
おはなし　しましょう
みんなで　わに　なって
おおきな　くりの
きの　したで

3番

おおきな　くりの
きの　したで
おおきな　ゆめを
おおきく　そだてましょう
おおきな
くりの　きの　したで

●赤ちゃんと一緒に替え歌をつくってみましょう●

ちいさな猫ちゃんの　おうちで
しょうくん（お子さんの名前）と
こねこちゃん
なかよく
あそびましょう
ちいさな　猫ちゃんの　おうちで

かわいい　桜ちゃん（お子さんの名前）の
おうちで
桜ちゃんとお母さん
おやつを　たべましょう
かわいい　桜ちゃんの　おうちで

ひら ひら ひら

作詞／村田さち子・作曲／乾裕樹

1番

おほしさま

おっこちて

ちょうちょに　なった

ひら　ひら　ひら

2番

ひら　ひら　ひら
ひら　ひら　ひら
ちょうちょが　とんできて
おはなに　なった

3番

ひら　ひら　ひら
ひら　ひら　ひら
おはなが　つぼんで
りんごに　なった

4番

ひら　ひら　ひら
ひら　ひら　ひら
りんごが　そらをとび
おほしさまに　なった

おほしさま

赤ちゃんと一緒に替え歌をつくってみましょう

（お外で）
ぱら　ぱら　ぱら
ぱら　ぱら　ぱら
あめが　おっこちて
かえるに　なった　ぴょん

（おふろで）
しゃわ　しゃわ　しゃわ
しゃわ　しゃわ　しゃわ
水玉が　降ってきて
あひるちゃんに　なった

（お外で）
ぴゅう　ぴゅう　ぴゅう
ぴゅう　ぴゅう　ぴゅう
お風さんが、ふいてきて
マフラーに　なった

てをたたきましょう

作詞／葉方丹・作曲／比呂公一

1番

＊てを
たたきましょう
たんたんたん
たんたんたん
あしぶみ
しましょう
たんたんたんたんたん
たんたんたんたん＊

わらいましょう
あっはっは
わらいましょう
あっはっは

わっはっは
わっはっは

ああ　おもしろい

てをたたきましょう

２番

＊～＊繰り返し

おこりましょう　ぷんぷんぷん
おこりましょう　ぷんぷんぷん
ぷんぷんぷんぷん　ぷんぷんぷんぷん
ああ　おもしろい

●赤ちゃんと一緒に替え歌をつくってみましょう●

てを　たたきましょう
たんたんたん　たんたんたん

あしぶみしましょう
たんたんたんたん　たんたんたんたん

食べましょう　ぱくぱくぱく
食べましょう　ぱくぱくぱく
ぱくぱくぱく　ぱくぱくぱく
ああ　おもしろい

3番

＊～＊繰り返し

なきましょう　えんえんえん
なきましょう　えんえんえん
えんえんえん　えんえんえん
ああ　おもしろい

跳びましょう　ぴょんぴょんぴょん
跳びましょう　ぴょんぴょんぴょん
ぴょんぴょんぴょん　ぴょんぴょんぴょん
ああ　おもしろい

転がりましょ　ごろごろごろ
転がりましょ　ごろごろごろ
ごろごろごろ　ごろごろごろ
ああ　おもしろい

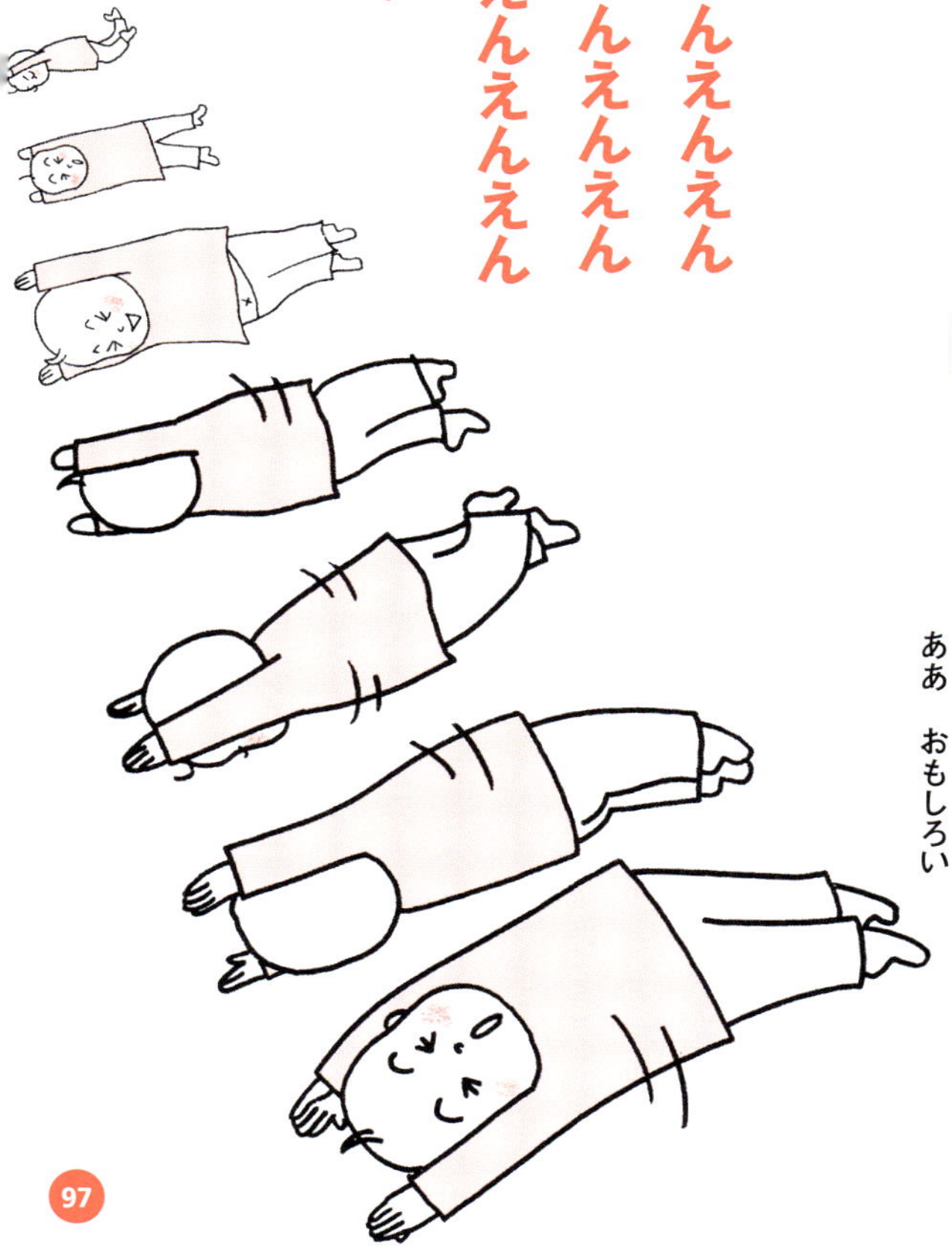

♪♪ ごっくん もぐもぐ かみかみの歌

作詞／鈴木みゆき・作曲／有澤孝紀

1番

おまたせしました
めしあがれ

ごっくんごっくん
のみましょう

おいしいおっぱい
ごっくんくん
ごっくんくん

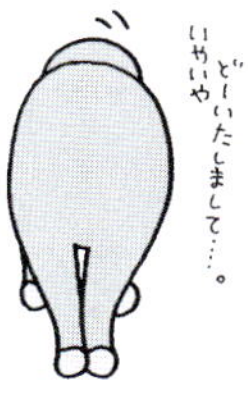

ニコニコ
おかおに
なれたかな
なれたかな

おいしい
おいしい

いいおかお
ニコー！

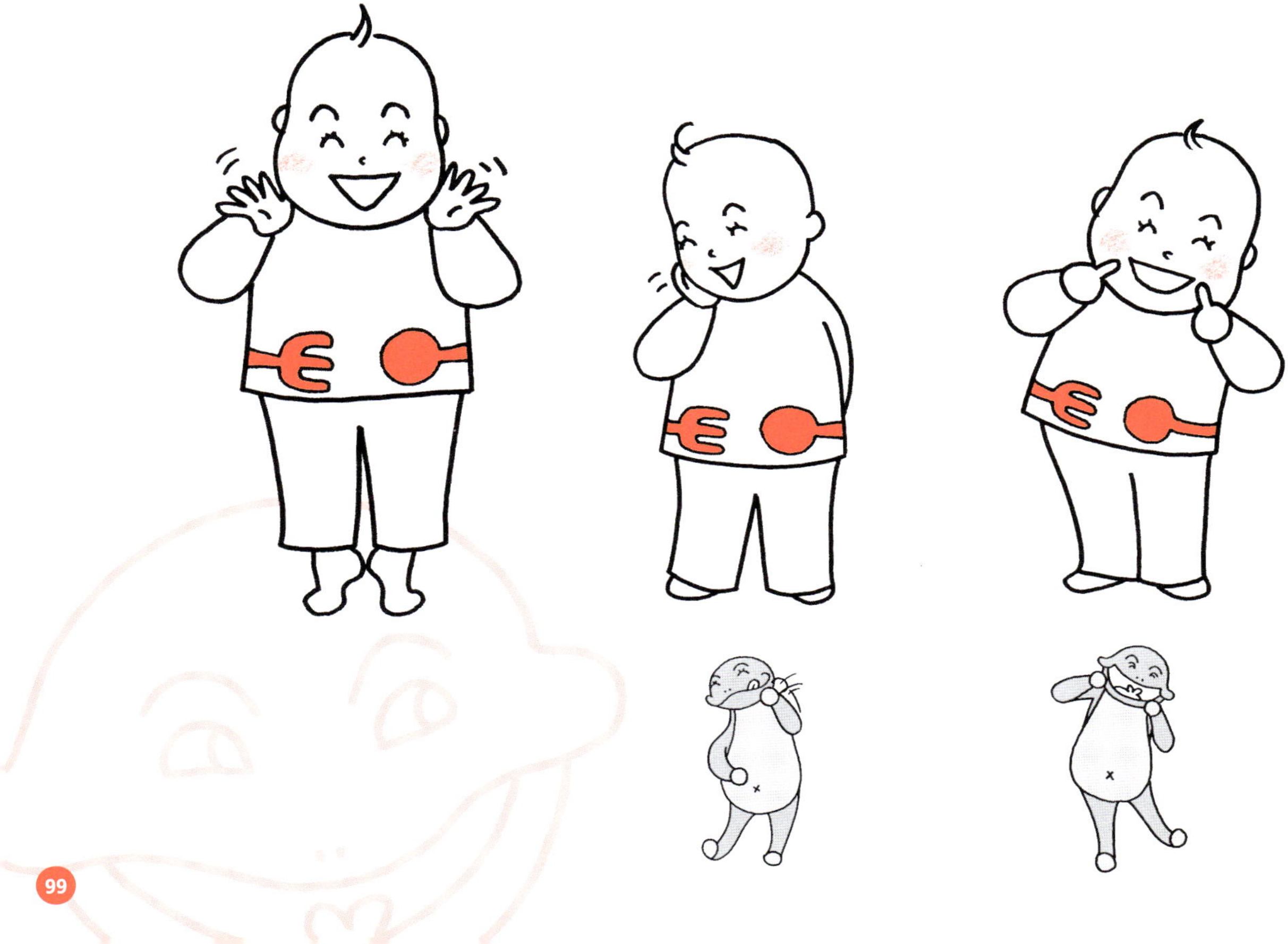

ごっくん もぐもぐ かみかみの歌

2番

おまたせしました
さあどうぞ
もぐもぐもぐもぐ
たべましょね
おいしいやさい
もぐもぐもぐ
もぐもぐもぐ
ニコニコ　ほっぺに
なれたかな　なれたかな
おいしい　おいしい
いいおかお

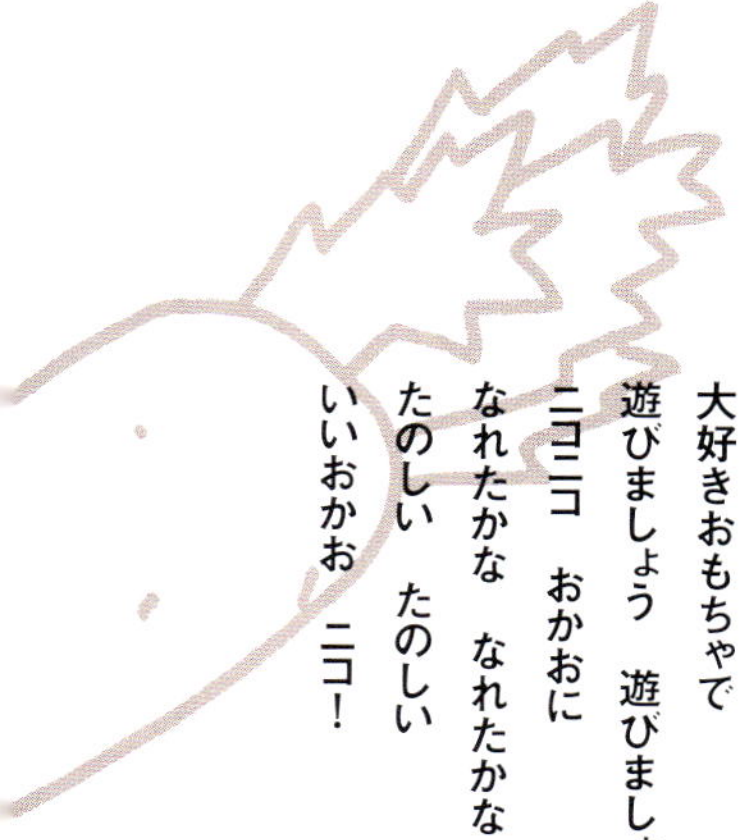
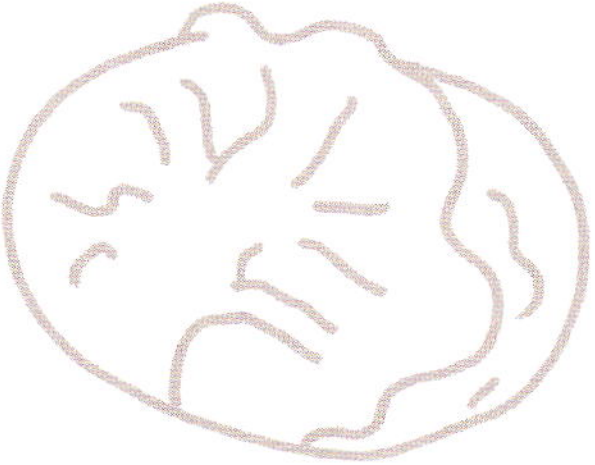

●赤ちゃんと一緒に替え歌をつくってみましょう●

おまたせしました　さあどうぞ
美樹ちゃん（お子さんの名前）は
どこですか？
大好きおもちゃで
遊びましょう　遊びましょう
ニコニコ　おかおに
なれたかな　なれたかな
たのしい　たのしい
いいおかお　ニコ！

3番

おまたせしました
めしあがれ
かみかみみかみかみ
たべましょね
おいしいおにく
かみかみかみ
かみかみかみ
ニコニコ　しろいは
みえたかな　みえたかな
いいおかお

おいしい　おいしい
いいおかお
おいしい　おいしい
いいおかお

おまたせしました　さあどうぞ
ごはんの　時間です
めしあがれ
パパと一緒に　食べましょう
もぐもぐもぐ
ニコニコ　おかおに
なれたかな　なれたかな
おいしい　おいしい
いいおかお　ニコ！

そろそろ　亮くん（お子さんの名前）
おねむかな
とろとろとろとろ　おねむかな
たのしく遊べて
よかったね　よかったね
すやすや　いい子で
ねんねしよ　ねんねしよ
すやすや　いい子で
ねんねしよ

おわりに

子育てをたのしくしてくれる、新しい方法「ベビーサイン」は、日本のお母さんがずっと行なってきた、子育て方法の中にすでにあった方法だということは、この本の中で、何度もお話してきました。

でも、お母さん自身に兄弟姉妹が少なくて、わが子を授かるまで赤ちゃんと接する機会が少なくなってきていたり、核家族化が進み、子育ての先輩であるおじいちゃんやおばあちゃんが、すぐそばにいなかったりする今日では、そんな、伝統的な「しぐさ」がしだいに忘れ去られてきていることも現実です。

私が、児童館でベビーサインのワークショップを始めたり、この本をつくろうと思ったりしたきっかけは、昔から日本にあったごく普通の子育ての中に、「ベビーサイン」という知識をちょっとプラスするだけで、子育てが、また、いっそうたのしくなるのでは……と考えたからです。

世の中には、いろんな子育て本があって、いろんな早期教育論があって、いろんな子育てのための道具があります。

けれども子育ての中で、本当に一番大切なのは、赤ちゃんと、お母さんやお父さんが、目と目を見つめ合って、たくさん触れ合って、遊びながら、たのしく、気持ちを通わせること。

その、ひとつのきっかけとして、この本を、子育て真っ最中の、日本のお母さんとお父さんに贈ります。

世界一やさしいベビーサインの教えかた

2003年2月17日　初版第1刷発行
2010年9月17日　初版第6刷発行

著者　直江千恵子

デザイン　八切明子（BANGWELL）
イラスト　黒澤麻子（シナプス）／P25〜47以外
イラスト　小宮礼子／P25〜P47
音楽編曲　奥居史生（アイフォニックサウンド）
歌　うちやえゆか
編集　小宮亜里（ブックマン社）
　　　青山幸代（シナプス）

発行者　木谷仁哉

発行所　株式会社ブックマン社
〒101-0065
東京都千代田区西神田3-3-5
TEL 03-3237-7777
FAX 03-5226-9599
http://www.bookman.co.jp

ISBN　978-4-89308-527-6

印刷・製本　図書印刷株式会社

Printed in Japan

■著者プロフィール

直江千恵子（なおえ ちえこ）

1958年東京都生まれ。'79年から東京都世田谷区役所に児童厚生職員として勤務。2000年より、世田谷の児童館で児童指導に従事。当館の「ピヨピヨランド」は乳幼児を対象とした子育て支援事業で、「ベビーサイン」を取り入れたワークショップも開かれている。また、子育てアドバイザーとして母親からの相談に応じたり、各地で「ベビーサイン」の講習会も開催。専門知識と実践で培われた育児法、また3児の母でもある自らの経験をふまえた、わかりやすく、あたたかいアドバイスが多くの母親たちに大好評。

■編曲者プロフィール

奥居史生（おくい ふみお）

1966年名古屋生まれ。'88年よりCM音楽を中心に、児童用教材ビデオなどの音楽を多数制作している。'03年現在1歳の娘の父、そして双子の誕生を待つ身であることもあり、乳幼児、児童向けの音楽にますます高い関心を持つ。本書添付のCD音楽ではそんな子どもたちに聴かせたい「大地と空のような自然のイメージをもつ音」、なおかつ「大人もここちよく鑑賞できる音色」を目標に制作。わらべ歌がもともと持っている「親子が一緒に成長していくための栄養」をここちよい音楽に昇華させて提供している。

◇参考資料◇

『ベビーサイン――まだ話せない赤ちゃんと話す方法』
リンダ・アクレドロ／スーザン・グッドウィン 原作
たきざわあき 翻訳　小澤エリサ・ヒライ 絵　径書房

※ 本文中、幼児が身ぶり手ぶりと一緒に遊びながら
歌うことのできる歌（わらべ歌・童謡など）を、
すべて「わらべ歌」と統一表記しました。

この本へのご意見やご感想、
また直江先生へのご質問は、
添付の読者ハガキか、ブックマン社のメールアドレス
info@bookman.co.jp までお願いします。

カードで覚えるベビーサイン 赤ちゃんと絵を見ながら覚えましょう。切り取ってカードとしても使えます。お散歩にも持っていってね。

どうぞ

片手を胸にあて
もう一方の手を差し出す

ごめんなさい

げんこつでかるく頭をたたくようにして
かるくおじきをする

いただきます ごちそうさま

手を胸の前で合わせ
かるくおじぎをする

おいしい

手でほっぺを
かるくたたく

バイバイ

開いた手のひらを相手に向け
左右にゆらす

ありがとう

手を揃えて太もものあたりにおき
おじぎをする

ちょうだい／もっと

両手のひらを
相手に向ける

飲み物／ジュース

親指を立てて手を握り
親指で下唇のあたりをさす

いい子／おりこうさん

手で頭をやさしく
笑顔でなでる

どこ？

手のひらをおでこにあて
遠くを見るようにして首をふる

おなかいっぱい

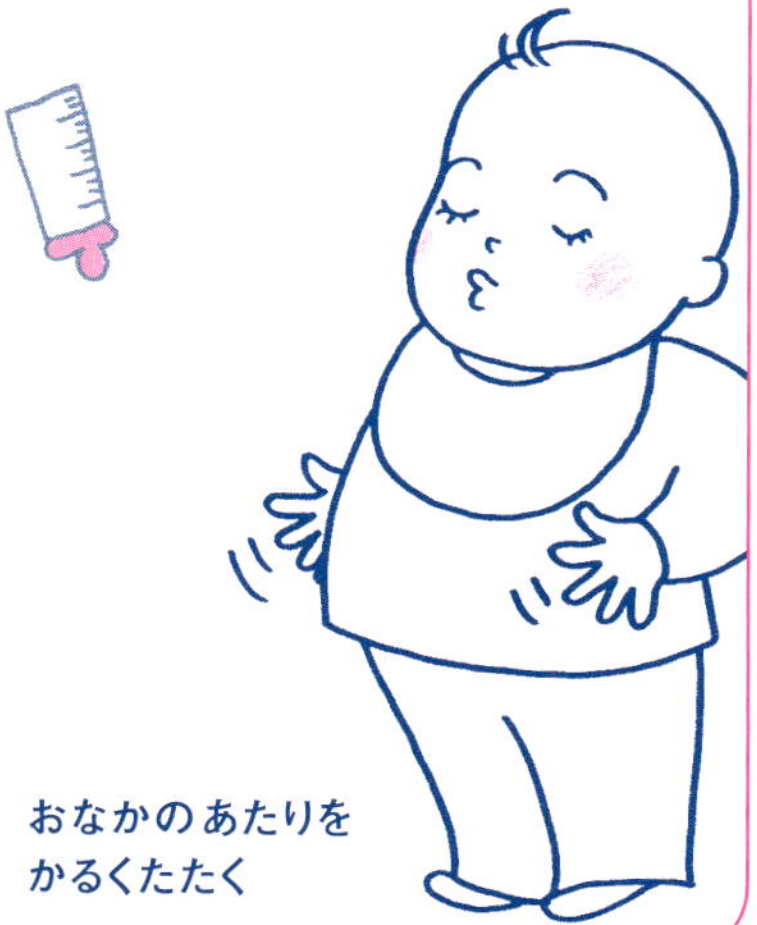

おなかのあたりを
かるくたたく

おっぱい

哺乳瓶を持つように
げんこつを上下に合わせ
手を開いたり閉じたりする

赤ちゃんと絵を見ながら覚えましょう。切り取ってカードとしても使えます。お散歩にも持っていってね。

手を洗う

水道水で手を洗うように
両手をこすり合わせる

おむつ

両手で
おむつを
かるく
おさえる

なくなった

両手のひらを下に向け
左右にゆらすようにする

歯磨き

人差し指を歯の前で
左右させる

替える

両手の人差し指を上にたて
左右を入れ替えるようにする

中に入れる／お片付け

まるく空洞をつくった手に
もう一方の手の指を入れる

小さい

親指と人差し指の間に
小さなすきまをつくる

冷たい／寒い

手を握って体に密着させ
全身をふるわせる

暑い

顔のあたりに風をあてるように
両手であおぐ

なかよし／ともだち

両手を胸の前で交差させて
体を左右にかるくゆらす

大きい

両手をいっぱいに広げる

熱い／ふーふー

口をすぼめて
息をふきかける

赤ちゃんと絵を見ながら覚えましょう。お散歩にも持っていってね。

痛い

手の甲をもう一方の手で
かるくつねる

しずかに

「し〜」というように
人差し指を口元にあてる

待って

両手を相手に向け
手前から相手側に押し出す

汚い／臭い／ゴミ

片手で鼻を
かるくつまむ

あぶない／ダメ

両手を胸の前で交差させて
けわしい表情をする

やめて

片手を相手に向け
2、3度前後に押し出す

ぞう

片腕を長い鼻に見立てて
顔の前でぶらぶらさせる

ねこ／にゃーにゃ

両手を広げ頬にあてて
ねこのひげに見立てる

花

開いた両手の手首を
向かい合わせにして花の形をつくる

ぶた

鼻をかるく上に
押し上げる

うさぎ

手を耳に見立てて
頭の上に手を伸ばす

ちょうちょ

開いた両手の親指を合わせて
外側にひらひらさせる

赤ちゃんと絵を見ながら覚えましょう。お散歩にも持っていってね。

ヘリコプター

片手を
上に向けて
くるくると
まわす

車

ハンドルをまわす
まねをする

さかな

両手のひらを合わせ
くねくねさせる

光／星／電気

両手を
挙げて
手を握ったり
開いたりする

本

両手を閉じたり
開いたりする

コンピュータ

キーボードを打つ
まねをする

赤ちゃんと絵を見ながら覚えましょう。切り取ってカードとしても使えます。お散歩にも持っていってね。 **カードで覚えるベビーサイン**

嫌い／イヤイヤ

顔をしかめて
首を左右にふる

笑う／にこにこ

両手の人差し指を両頬にあて
にっこりと笑う

カメラ

手でまるく空洞をつくり
その穴をのぞく

うれしい／わ～い

「ばんざ～い」
のように
両手を
上に挙げる

怒る／ぷんぷん

頬をふくらませて
組んだ腕を上下する

お散歩

90度に曲げた両手を
前後にふる